JN045276

語りだす奈良

1300年のたからもの

奈良国立博物館名誉館員
東アジア仏教文化研究所代表

西山 厚

ウェッジ

語りだす奈良

1300年のたからもの

目次

1

耳をすませば

「不東」の旅

経典を求めて、中国から遥かなる天竺《てんじく》（インド）へ。

孫悟空たちを連れた『西遊記』の三蔵法師の旅は、もちろんフィクションだが、三蔵法師玄奘《げんじょう》は、唐時代に実在した高僧である。

いまだ中国に伝わっていない重要な経典と出会うため、玄奘は天竺へ向かおうとするが、当時の中国は国外へ出ることを禁じていた。

国境を越えようとして捕らえられた玄奘に、要塞の隊長は、戻るよう命じる。これに対して、玄奘は言った。

「不東《ふとう》（東せず）」。経典を持って天竺から中国へ向かう時までは、東には行かない。

玄奘に好意を感じた隊長が見逃してくれたものの、このあと玄奘は砂漠越えに苦労し、ほとんど死にかける。

やがて出会った高昌国《こうしょうこく》の王様の援助もあり、なんとか天竺のナーランダーに着いた玄奘を待っていたのは、すでに百歳を超えた戒賢《かいげん》だった。

玄奘は戒賢に師事し、ひたすら学ぶ。そして厖大な経典を携えて帰国した玄奘は、残りの生涯のすべてを経典の翻訳に費やした。しかし、翻訳し終わる前に力尽きて死ぬ。

麟徳《りんとく》元年（664）2月5日のことだった。

玄奘がもたらし、翻訳した、大量の経典によって、中国仏教は大きく変化する。玄奘の弟子の慈恩大師《じおんだいし》によって「法相宗《ほっそうしゅう》」という新しい宗派も誕生した。

ところで、毎年5月5日には、薬師寺で玄奘三蔵会《え》大祭がおこなわれる。興福寺と並び、法相宗の大本山である薬師寺には、玄奘の遺骨が祀られている。

玄奘の遺骨は長安の都の郊外に葬られた。しかし、その後、さまざまな事情で中国の各地を転々とする。そして、昭和17年（1942）12月、南京で頂骨（頭部の骨）が発見された。

その頂骨は、分骨されて、中国の各地のお寺でお祀りされたが、日本の慈恩寺（埼玉県さいたま市）にも分骨され、昭和56年（1981）に、そこからさらに薬師寺へ分骨された。

薬師寺では、遺骨をお祀りするため、玄奘三蔵院を創建した。そこには、遺骨のほかに、玄奘の肖像が安置され、玄奘の長い旅の道のりを描いた平山郁夫さんの壁画も納められている。

5月5日の大祭では、玄奘三蔵院の正面に舞台を組み、創作伎楽《ぎがく》「三蔵法師求法《ぐほう》の旅」が奉納される。

伎楽は、古代の中国で生まれた演劇で、大きなお面を付けておこなう無言劇である。仏教とともに日本に伝わり、奈良時代にはさかんに上演されたが、やがて滅ぶ。

桜花昇ぼるさん

昭和55年（１９８０）、東大寺大仏殿の昭和大修理が終わり、その落慶《らっけい》法要に合わせて伎楽の復興が試みられた。

舞台に立ったのは天理大学の雅楽部の学生たちで、それ以来、天理大学では、伎楽の再生に取り組み続けている。

薬師寺の舞台も天理大学の学生たちがおこなうが、玄奘役だけはプロの俳優がお面を付けずに演ずる。

これまでに玄奘を演じたのは、田村高廣さん、水谷八重子さん、滝田栄さん、東儀秀樹さんなどで、今年は桜花《おうか》昇《の》ぼるさんだった。

桜花昇ぼるさんは、元ＯＳＫ日本歌劇団の男役トップスター。斑鳩町出身の女優さんである。

桜花昇ぼるさんの友人で、元ＯＳＫの美砂《みさご》まりさんとは大の仲よしなので、一緒に観に行った。

伸びやかな全身の動き。美しい表情。ひたむきなまなざし。凛々しくて、色気があって、最高の舞台だった。

（２０１９年5月15日）

投入堂

ずっとずっと昔、高校生の時から、行ってみたい場所があった。

三徳山三佛寺《みとくさんさんぶつじ》の投入堂《なげいれどう》（鳥取県東伯郡三朝町）である。

このお堂（国宝）は、垂直に切り立った断崖絶壁の窪みに建っている。こんな所にお堂を建てられるはずがない。役行者《えんのぎょうじゃ》が、法力で、ここまで投げ入れたのだろうということで、投入堂と呼ばれている。

かつては、7体の蔵王権現像《ざおうごんげん》が安置されていた（現在は山の下の宝物殿に納められている）ので、本来は「蔵王堂」であろう。

投入堂はあまりにも危険な場所に建っているので、一般の人がお堂まで近づくことは禁止されており（そもそも、お堂へ至る道がない）、このため「日本一危険な国宝」と言われている。

三佛寺は、慶雲3年（706）に、役行者が、修験《しゅげん》の行場《ぎょうば》として開いたと伝えられる天台宗の古寺である。

平安時代になり、嘉祥2年（849）に、比叡山の円仁《えんにん》が、釈迦如来・阿弥陀如来・大日如来を安置したことにより、三佛寺の名が生まれたのだという。

ところで、平成13年（2001）とその翌年に、投入堂の建物と仏像の調査がおこなわれた。

その結果、建物の材は1100年ころ、もっとも古い蔵王権現像の材は1025年に伐採されたことがわかった。

およそ千年前から、こんな危険な場所に、こんな素晴らしいお堂が建っていたのだ。

5月20日、長年の夢を実現させるため、4人の友人と一緒に、投入堂へ向かった。

三徳山（標高900メートル）は、雨が降っても風が吹いても、入山は禁止。ひとりで登るのも禁止。靴や手荷物のチェックも厳しい。

この日は、天気予報では雨ということだったので、かなり心配していたが、早朝から青空がのぞき、小躍りしたのも束の間、台風並みの強風が吹き荒れており、入山は許されなかった。

もちろん、多少の気落ちはしたものの、宝物殿では蔵王権現と対面し、遥拝所からは投入堂を遠望、そして境内にある茶店（谷川天狗堂）で山菜料理をいただくなどして、私たちは、三徳山で、なんと6時間もの充実した時を過ごした。

翌日（予備日）は、青空に無風だった！

まず、受付で入山手続きを済ませる。そしてお借りした輪袈裟《わげさ》を首から掛け、軍手をはめて、登り始めた。

道らしき道がないところも多く、そのような場合には、急峻な坂、大きな岩を、木の根っこや鎖をつかんで登っていく。ボルダリングのよう。よじ登るという表現がぴったりだ。

初めは「根っこ、つかんで！」と、互いに声を掛け合っていたが、根っこだけが頼りなので、次第に「根っこ信仰」のようなものが生まれてきて、みんなで「根っこ様」と言うようになった。

投入堂の手前にも、文殊堂と地蔵堂という、投入堂に似た、懸崖造《けんがいづく》りのお堂がある。お堂の縁《えん》に立つと、周囲はすべて新緑の山々で、まさに絶景である。

投入堂と私

ただし、縁の幅が狭く、手すりもないので、強い風が吹けば、吹き飛ばされるに違いない。

登り始めてから1時間半。ついに、投入堂が、目の前に現れた。

なんて美しい建物なのだろう。ただ見惚《みほ》れてしまう。

この場所を選び、この場所にお堂を建て、この場所を大切に護り続けてきた、無数の人々のことを思いながら、きれいな空気を、胸いっぱいに吸い込んだ。

（2019年5月29日）

6月5日

今年も、奈良に、6月5日がやって来た。

もちろん奈良にだけ来るわけではないが、奈良に住み、奈良に関わる人々にとって、6月5日は、とても大切な日だ。

明治時代の初めは、「御一新《ごいっしん》」「文明開化」の掛け声のもと、これまで重要視されてきたコトやモノは、その価値を失い、滅びつつあった。

これを憂いた明治政府は、明治4年（1871）5月23日に、「古器旧物保存方《こききゅうぶつほぞんかた》」を布告した。

歴史を知るために必要不可欠な「古《いにしえ》の品々＝古器旧物」が、旧を厭《いと》い、新を競う風潮のなかで、失われつつある。この流れを阻止するにはどうしたらいいか。

その1か月前、大学（現在の文部科学省）の町田久成《まちだひさなり》は集古館（博物館）の建設と、「考古の徴證《ちょうしょう》（拠《よ》り所）」となる古器旧物の保護を求める建言書を提出していた。

激動の明治初年に、古器旧物の価値を正しく認識し、それを守り伝えることに人生をかけた人たちがいた。その中心にいたのが町田久成である。

政府は全国の府県に対し、神社や寺院が所蔵している宝物の目録を作成させた。そして明治5年（1872）に、4か月をかけて、古社寺の調査をおこなった。

この調査に参加したのは、町田久成、蜷川式胤《にながわのりたね》、画家の高橋由一、写真家の横山松三郎といった人々だった。

奈良では、社寺だけではなく、正倉院を開封して宝物を調査した。その際、横山松三郎によって、初めて正倉院宝物の撮影がおこなわれた。

蜷川式胤は明治15年（1882）に亡くなった。翌年、町田久成は出家した。代わって登場したのが、フェノロサと岡倉天心だった。

明治19年（1886）、フェノロサ・岡倉天心らは奈良の古社寺を調査した。行先は、法隆寺、中宮寺、法輪寺、東大寺、新薬師寺、白毫寺《びゃくごうじ》、福智院、薬師寺、唐招提寺、西大寺、興福寺、法華寺、海龍王寺、聖林寺などだった。

明治21年（1888）にも関西の古社寺の調査がおこなわれた。調査した場所は430か所、調査した宝物は3万6千点を超えた。この時の調査では、初めて宝物の優劣を判定して分類した。

宝物は、絵画、彫刻品、工芸美術品、刀剣、古文書、雑などに分類されて、①優等と認めるもの　②之に次ぐもの　③その他　に分けられた。法隆寺では、仏像だけで80体以上が優等に評定された。

このような取り組みが精力的に続いてはいたが、それでもやはり、国内では、日本の古美術はくず同然にみられがちだった。

浄教寺

フェノロサと岡倉天心は、美術品が寺の僧侶の無知と貧困によって散逸しつつあり、宝物の調査と並行して、骨董商の略奪作戦が展開されている、と記している。

そうして明治21年（1888）の6月5日が来た。

この日、フェノロサは、三条通の浄教寺で「奈良ノ諸君ニ告グ」と題して講演した。

今日、此奈良ニ存在セル古物ハ、独リ奈良一地方ノ宝ノミナラズ、実ニ日本全国ノ宝ナリ。否《いな》、日本全国ノ宝ノミナラズ、世界ニ於テ復タ得ベカラザルノ至宝ナリ。故ニ、余ハ信ズ、此古物ヲ保存護持スルノ大任ハ、即チ奈良諸君ノ宜シク盡《つく》スベキ義務ニシテ、又奈良諸君ノ大ナル栄誉ナリト。

奈良に伝えられた古物は世界の至宝だ。奈良の人々は、これを護持する義務がある。義務ではあるが、それは大いなる栄誉だと私は信じる。

この言葉は、今も生きている。6月5日が来るたびに、思い起こしたい。

（2019年6月12日）

佛教童話全集

私が3歳の時、母は重い病になった。

発見が遅く、わかった時には、病気はかなり進行していて、即入院即手術して患部をすべて摘出する以外に助かる道はないと宣告された。

夜が更けて、父と母がこれからのことを話し合っていた時、隣に寝ていた私が、突然跳《は》ね起き、母に抱きついて、「ボクが大きくなってお医者さんになってお母さんの病気を治すから入院したらだめ」と言って、大泣きに泣いたのだそうだ。

こんな小さな子が、状況を正確に理解しているとは思ってもみなかった両親は、とても驚き、母は泣いた。

入院する日の朝、母は小さな私をおんぶして、部屋の中をぐるぐる回り、「退院して戻ってきたら、またおんぶするわね」と言って、家を出ていった。

この時のことは今も鮮明に覚えている。母はこれが最後だと思っていたのだろうか。それとも、この子のためにも、必ず生きて戻ると固く決意していたのだろうか。

幸いに手術は成功し、母は戻ってきた。しかし、再発したら終わりと言われていた。

母は小さな観音菩薩像を持って嫁いできた。毎晩、母は観音像の前で、「般若心経」

佛教童話全集

と「観音経」を唱えていた。

父も体が弱く、自分たちには来年はないかもしれないと考えていた両親は、小さい私に、いわば形見のように、『佛教童話全集』を買ってくれた。

上に3人の姉と兄がいたので、私は早くから字を読むことができた。

『佛教童話全集』は、私の記憶では3冊くらいだったのだが、調べてみると12冊もあった。図書館で閲覧したところ、インド篇（1〜3巻）と日本篇（4〜7巻）の内容はほとんど覚えていたが、まったく覚えていない巻もあり、全冊を買い揃えたわけではなかったようだ。

インド篇には、インドから中国へ、親子二代かけて釈迦如来像と大乗仏教を伝えた鳩摩羅炎《くまらえん》と鳩摩羅什《くまらじゅう》の話だとか、アショカ王が地獄を造らせて、あとで後悔した話だとか、のちに奈良国立博物館で仕事をするにあたって、大いに役立った物語も含まれていた。

ところで、上皇后美智子さまが子どもの頃の読書の思い出を語った『橋をかける』という本がある。

子どもの頃に、本を読むことで人生の深い悲しみを知った体験が紹介され、本は子どもに根っこと翼を与えてくれると語られている。

『佛教童話全集』のなかで「牛女《うしおんな》」は忘れがたい。好きだったわけではない。無気味で、少しこわかったのだが。

ある村に、背の高い大きな女がいた。あまりに大きいので、いつも首を垂れていた。彼女は耳が聞こえず、話すこともできなかった。まだ小さい男の子の手を引いていた。大きくてやさしいので、村の人は「牛女」と呼んでいた。

牛女は力が強く、みんなは牛女に力仕事を頼んだ。そのお金で、ふたりはその日暮らしをしていた。

やがて牛女は病気になり、死んだ。子どもは村の人々が面倒をみた。ある冬の日、国境の山の雪の上に、子どもは黒い母の姿を見る。

成長した子どもは村を出ていった。ある夜、村人は、村の道を牛女がのそりのそり歩いているのを見る。

死んでからも、わが子を思い、見守り続ける牛女……

こんなふうに、心に残っている話は、ほとんどが悲しい内容だったことに気づく。人生は深い悲しみとともにある。

美智子さまが言われるように、その悲しみは、確かに、私の根っこになっているように思う。


（2019年8月7日）

聖地五台山へ　1

五台山《ごだいさん》へ行った。

五台山は中国の山西省の東北部にあって、中国を代表する霊山である。頂上が平らな5つの峰で囲まれているところから、その名がある。

高野山をイメージするとわかりやすいが、高野山が千メートル級の山々で囲まれているのに対して、五台山の峰々は三千メートル級なので、かなりの高地である。12年前の4月に行った時には、峰の麓で大雪に見舞われた。

五台山は文殊菩薩《もんじゅぼさつ》の聖地。どのお寺に行っても文殊菩薩がお祀《まつ》りされており、千手千鉢文殊菩薩など、日本ではお目にかかれない姿の文殊菩薩像も多い。

今回は、12年前には行かなかった5つの峰々（東台・北台・中台・西台・南台）の頂《いただき》まですべて登ろうという、かなりハードな旅だった。

ところで、平安時代の初めに、円仁《えんにん》という天台宗の僧侶がいた。円仁は、五台山で念仏を学び、比叡山に念仏を伝えた。円仁がいなければ、数百年後に法然や親鸞が登場することはなく、浄土宗や浄土真宗も誕生しなかったかもしれない。

五台山のシンボル、白塔

円仁は、五台山で学んだあと、都の長安へ向かう。そして最新の密教を学び、比叡山に密教を伝えた。円仁によって日本の天台宗は大きく変わっていく。

円仁が、遣唐使船に乗り、唐へ向かって船出したのは、承和《じょうわ》3年（836）5月のことだった。しかし、遭難。

翌年ふたたび出帆するが、逆風で漂着して、これも失敗に終わる。

くじけることなく、さらにその翌年の承和5年（838）6月、三度目の船出をした円仁たちは、船が浅瀬で座礁するも、九死に一生を得て、中国の揚州《ようしゅう》にようやくたどり着いた。ちなみに、これが最後の遣唐使となる。

円仁は、10年間の唐での日々を、日記に詳細に書き留めている。中国に着いた日、円仁は日記にこう書いた。

日本国の承和五年七月二日は、即ち大唐の開成三年七月二日なり。年号は異なると雖《いえど》も、而《しかれど》も月日は共に同じ。

日本も中国も7月2日。月日は共に同じ。という円仁の感性に心をひかれる。たぶんこういう人だけが、大切な何かと何かをつないでいくことができるのだろう。

円仁は、穏やかで優しい人だった。慈悲深く、怒りを顔にあらわすことはなかった。あらゆることに興味関心をもち、観察力がすぐれていた。文章もいい。だから円仁の日記(『入唐求法巡礼行記《にっとうぐほうじゅんれいこうき》』)は、ほかに類例がないほどすぐれたものになっている。

円仁が唐へ渡ったのは、天台山へ行くためだった。天台宗の本場である天台山で学ぶことに加えて、日本の天台宗が抱える30の疑問(「延暦寺未決三十条」)に答えをもらう使命も帯びていた。

しかし、なぜか、天台山へ向かう許可が下りなかった。円仁は、任務を終えた遣唐使(外交官)たちと一緒に、そのまま日本へ帰らねばならなくなった。

円仁は、「延暦寺未決三十条」を天台山行きを認められた僧(円載《えんさい》)に託し、揚州で書き写して取得した仏典を携えて、帰国する船(新羅《しらぎ》の船)に乗り込んだ。

しかし、どうしてもあきらめることができない。悩み抜いた末、円仁は船を下りた。そして、遠く離れた天台山ではなく、新羅の僧から勧められた聖地五台山へ向かうことを決意する。

今夏、五台山を訪ねることになった私たちは、円仁が苦労の末に唐に着いたのと同じ日に着きたいと考えた。

旧暦の7月2日は、今年は8月2日だった。円仁の日記を携え、私たちは8月2日に中国に着いた。

(2019年8月28日)

聖地五台山へ　2

平安時代の初め、比叡山延暦寺の円仁《えんにん》は、2度の難破漂着という苦難を越え、中国の年号では開成3年（838）7月2日、ようやく中国にたどり着いた。

1181年後、私たちも、同じ旧暦7月2日（新暦に換算すると、今年は8月2日）に着こうと、早朝の関西空港に集合した。ところが……。

飛行機は、なぜか3時間遅れて飛び立ち、そのゆえなのか、通常の航路を飛べず、ロシアの上空を大回りしたことで、さらに1時間40分も遅れた。

こんなふうに予定より5時間ほど遅れ、それでも8月2日に北京に着くことはできたが、そこから大同（山西省）のホテルまで、バスで5時間もかかる。

山西省の高速道路は午後10時になると入れなくなるそうだ。そうなったら、ホテルにいつ着けるのか、まったくわからない。ぎりぎり滑り込んだ時には、車内から拍手が起きた。それでもホテルに着き、夕食が終わる頃には、日付が変わっていた。

8月3日夜、五台山《ごだいさん》に入った。五台山は、東台・北台・中台・西台・南台という、三千メートル級の5つの峰に囲まれた高地である。

今回の私たちのツアーは、この5つの峰の頂《いただき》にすべて登ろうという、かなりハードなものだった。

五台山は、文殊菩薩《もんじゅぼさつ》の聖地で、すべての生あるものは文殊菩薩の化現《けげん》（姿を変えて現れたもの）と考えられているような、特別な場所だった。

円仁の日記『入唐求法巡礼行記《にっとうぐほうじゅんれいこうき》』には、開成5年（840）4月28日、中台の頂が見えた時、「地に伏して遥《はる》かに礼《らい》し、覚えず涙を雨《ふ》らす」と、その感動が綴られている。

円仁が訪れた頃は、天台宗の高僧が多く住んでおり、本来の目的地である天台山へ行くことを許されなかった円仁にとって、幸運だった。

円仁は五台山の竹林寺や大華厳寺で学ぶとともに、5つの峰の頂にも登っている。

8月4日、円仁の日記を携えて、私たちも5つの峰に登り始めた。しかし……。

この日の峰々の頂は、暴風雨だった。激しい雨と風。ひどく寒い。防寒が不十分だった私は、ほとんど凍死寸前になった。

それでも、東台→北台→中台→西台→南台の順に巡ったが、白いもやに包まれて何も見えない。円仁の日記に美しく描写されている眺望は、まったく何も見えなかった。

円仁の日記には「樹木異花は別処に同じからず」と、珍しい花が咲いているように書かれているが、それはまさにその通りで、道端の高山植物の花々が清らかだった。

北台は標高3058メートルで、五台山の最高峰である。円仁の日記には「頂の南頭に龍堂あり。堂内に池あり。その水は深黒《しんこく》にして、満堂澄潭《ちょうたん》（澄んだ深淵）なり」とある。

北台の龍王殿の前に立つ

行ってみると、確かに龍王殿があった。しかし、池は龍王殿の手前にあり、水も黒くはない。

堂内は暗く、初めはよく見えなかったが、次第に目が慣れてくると、正面に龍王像が祀《まつ》られているのがわかった。しかも、顔が黒い！　体も真っ黒だ。

円仁の日記の記述とは異なるが、およそ１２００年前の深黒の池の水と、目の前におられる真っ黒な龍王が、私のなかではしっかりとつながって、かなり興奮した。

中台へ向かう途中、思いがけず、お寺の食堂で温かいお料理をいただいたり、西台の頂にあるお寺で、熱い生姜湯《しょうが》（黒砂糖入り）を振舞っていただくなど、幸せな体験をした。

雨に濡れ、寒さに震えていたからこそ、そのありがたさが、しみじみと身にしみて、やがて、この天候の日に来てよかったと思えるようになっていた。

（２０１９年９月11日）

聖地五台山へ　3

平安時代の初め、比叡山延暦寺の円仁《えんにん》は、苦難を超え、ようやく中国に着いた。

今年の夏、私たちは、中国で過ごした激動の10年間に、円仁がずっと書き続けていた日記『入唐求法巡礼行記《にっとうぐほうじゅんれいこうき》』を携えて中国へ行き、円仁の足跡をたどった。

五台山《ごだいさん》は文殊菩薩《もんじゅぼさつ》の聖地。一般に、文殊菩薩は、智恵のほとけとして信仰されているが、文殊菩薩への信仰はそれだけにはとどまらない。

円仁は、五台山で聞いた興味深い話を日記に書き留めている。

かつて、五台山の大華厳寺《だいけごんじ》で、ある人（＝施主）が、五台山の衆僧《しゅそう》（大勢の僧侶）に食事を提供しようとしたところ、僧侶でない人々もたくさん集まってきたので、施主は腹を立てた。

人々のなかに妊婦がいた。彼女は食べ終わると、さらにおなかのなかの子どもの分も求めた。

施主が拒絶すると、それならいらないと言い捨てて外に出るや、文殊菩薩となり、光を放って輝き、金色《こんじき》の獅子《しし》に乗って、飛び去った。

食堂《じきどう》に集まっていた数千の人々は、外に走り出て、地面に倒れ、泣きながら、大声で名を呼んだが、文殊菩薩は戻ってこなかった。

その時から、五台山では、僧俗・男女・大小・尊卑・貧富を論ぜず、すべての人々に平等に供養する（食事を提供する）ことになったという。

そして、円仁は目の前で、まさにそのように食事が提供されている様子を、感動をもって日記に綴っている。

この山に入る者は自然に平等の心を起こすを得るなり。山中、斎《とき》（食事）を設くるは、僧俗・男女・大小を論ぜず、平等に供養して、その尊卑・大小を看《み》ず。彼《かしこ》においては、みな文殊の想いを生ず。

ここでは、僧侶も俗人も、男も女も、おとなも子どもも、みんな文殊菩薩である。

円仁は、このような文殊信仰、このような平等思想を、日本に持ち帰った。

8月4日、五台山の頂《いただき》で、暴風雨に難儀していた私たちは、思いがけず、あるお寺の食堂で温かい料理をいただくことができた。この時、円仁と私の、1200年の時間差はまったくなくなった。

五台山の竹林寺《ちくりんじ》は、唐時代に法照《ほうしょう》が創建した寺で、法照はここで五会《ごえ》念仏（五種の音階で阿弥陀仏の名を称《とな》える行《ぎょう》）を始めた。

円仁は、竹林寺に滞在し、五会念仏を学んだ。天台宗の寺院でおこなわれる常行三昧《じょうぎょうざんまい》の念仏は、五会念仏の影響で成立したと考えられている。こうした念仏信仰の展開のなかに、やがて法然や親鸞が登場してくることになる。

12年前の竹林寺

ところで、33年前の古い写真を見ると、竹林寺は白い塔だけが残る廃墟になっていた。

12年前に行った時には、復興が始まっており、すでにいくつかの建物ができていて、塔の周囲には丸太が山積みされていた。

驚いたのは、ある建物に円仁の位牌が祀《まつ》られていたことで、私がその前で礼拝《らいはい》したところ、居合わせた中国の方々も、同じように拝んでくれたのはうれしかった。

そして、今回行ってみると、目を疑うばかりの大伽藍が完成していた。あまりにも立派すぎて、なんだか……。

円仁は、それまでの日本にはなかった、さまざまな経典や仏画や修法《しゅほう》を持ち帰った。持ち帰ったもの一覧のなかに五台山の石が含まれているのは微笑ましい。

12年前、帰宅して、そんな話をしていた時に、高校生だった長男に言われた言葉が、今も忘れられない。

「お父さんは何を授かってきたの?」


（2019年9月25日）

正倉院展

新しい天皇陛下の御即位を記念する第71回正倉院展が始まった。

聖武天皇の曽祖父にあたる天武天皇以来、孝謙天皇まで、代々の天皇に受け継がれてきた古い様式の厨子《ずし》や、完成した大仏さまに魂を入れる開眼《かいげん》の儀式の折に、聖武天皇がはいておられた赤い履《くつ》など、拝見しているうちに、長い時を易々《やすやす》と超えてしまう宝物が並んでいる。

かつて正倉院宝物は貸し出されていた。天皇やその周辺の特別な人にだけではあったが、さまざまな宝物が倉から取り出された。

そして、返さなかった人がいる。返さずに、別の品を持ってきた人もいる。そんなことが許されていた。

今年、展示されている金銀平文琴《きんぎんひょうもんきん》は、借用した別の琴《きん》の代わりに、借りた2年7か月後、正倉院に納められたものである。

琴（きん）と琴（こと）は違う。別の楽器である。

この金銀平文琴の表裏と周囲には、人物や獅子や鳳凰や麒麟《きりん》や草花や波などの形に切り抜いた金板・銀板を、漆で塗り込めてある。それが素晴らしく美しい。

そのなかには琴を演奏している人物もいる。こんなふうに、正倉院に伝わる楽器には、その楽器が演奏されている様子が表わされていることが多い。私はこれを「楽器のなかの楽器」と呼んでおり、展示室で発見するとうれしくなる。

ところで、今年もっとも見入ったのは、金銀山水八卦背八角鏡《きんぎんさんすいはっけはいのはっかくきょう》だった。直径40センチの銅の鏡で、重さがおよそ7・5キログラムもある。背面に薄い銀板を貼って、そこに精緻な文様を表わしている。

山と海。琴を弾く人物と鶴、笙《しょう》を吹く人物と鳳凰。文様の間には、鏨《たがね》で魚々子《ななこ》（魚の卵のような小さい丸い粒）がびっしりと打たれている。実に見事である。

そして周囲には、40の漢字により、異国の地において故郷の佳《よ》き人（女性）を想う、望郷の詩が表わされている。

この鏡は、唐において、遣唐使の注文で制作されたものと考えられている。

その遣唐使は、無事に帰国できたのだろうか。なぜその鏡が正倉院にあるのだろうか。想像はどこまでも膨らんでいく。

展示されている古文書にも大興奮した。それは、薩摩国（現在の鹿児島県）の天平8年（736）度の正税帳《しょうぜいちょう》だった。

正税帳とは1年間の収支決算報告書で、地方の諸国は、年度ごとに、都の中央政府に収支を報告する義務があった。

支出の項目のなかに、唐から戻ってきた遣唐使の第2船に穎稲《えいとう》（稲穂の状態の米）と

聖武天皇がはいていた赤い履

酒を支給したことが記されている。

調べてみると、確かに、この年、遣唐使の第2船が帰り着いている。そしてこの船には重要な人物が乗っていた。菩提僊那《ぼだいせんな》である。

天平勝宝4年（752）4月9日、大仏さまに魂が入れられた。入れたのはインド僧の菩提僊那だった。菩提僊那はインドを出て、唐にやって来た。そしてさらに日本へ向かおうと、遣唐使の第2船に乗り込んだが、1度目は失敗、2度目にようやく日本にたどり着いた。菩提僊那は、薩摩国の港で、どのようなひと時を過ごしたのだろうか。

菩提僊那は大きな筆を使って大仏さまに魂を入れた。その筆には青い紐が結びつけられており、赤い履をはいた聖武天皇は、その紐を握りしめて、大仏開眼の瞬間に結縁した。

（2019年10月30日）

飯道山

奈良の東大寺の大仏さま。

誰でも知っている大仏さまであるはずだが、意外に知られていないことも多い。

そのなかでも、たぶん、ほとんどの人が知らないであろう謎がある。

聖武天皇は、大仏を、奈良ではなくて、紫香楽《しがらき》（信楽）に造ろうとした。

それは、なぜなのか。

大仏さまの本当の名前は、盧舎那仏《るしゃなぶつ》。『華厳経《けごんきょう》』の中心的存在の仏である。

盧舎那仏は光の仏。太陽のような仏。太陽は、この世のすべてのものに、等しく、明かりと温もりをくれる。

大きな災厄が相次ぎ、自分の子どもも幼くして死んだ。そういうなかで聖武天皇は、苦しみ悲しむすべての人々に明かりと温もりをくれる、盧舎那仏を造ろうと思い立つ。

その時、聖武天皇は、盧舎那仏造営の場所として、紫香楽を選んだ。

聖武天皇は、都も、平城京から恭仁京《くにきょう》へ遷した。これが聖武天皇が構想する日本再生への第一歩だった。

そして、続いて、恭仁京から紫香楽への道を整備した。

それまで聖武天皇は紫香楽へは行ったことがなかったようだ。道が整備されて、初めて、聖武天皇は紫香楽を訪れた。

それなのに、聖武天皇は、なぜ紫香楽を選んだのだろうか。信頼する誰かが、聖武天皇に勧めたからだろう。それは良弁《ろうべん》だったと、私は考えている。

『日本霊異記《にほんりょういき》』によれば、平城宮の聖武天皇のところに東の山から光が届いた。行ってみると、ひとりの行者（優婆塞《うばそく》＝俗人）がいて、傍らには、執金剛神《しゅこんごうじん》の像が置かれていた。行者は「出家して仏法を学びたい」と言い、天皇はこれを許した。行者の名は金鷲菩薩《こんすぼさつ》。この人こそ良弁である。

『日本霊異記』の説話が、どこまで史実に基づいているのかは速断できないが、幼いころに鷲にさらわれたとか、良弁には不思議な話がつきまとう。

ところで、近江国（滋賀県）には、良弁ゆかりと伝える寺が多い。たとえば栗東市の金勝寺《こんしょうじ》。寺伝では聖武天皇の命により良弁が創建したという。本堂には良弁像が祀られている。

紫香楽には、飯道山《はんどうさん》（標高664メートル）という修験の山がある。頂上には飯道神社があり、その奥は、巨石が立ち並ぶ鎖《くさり》の行場《ぎょうば》となっている。

飯道山は、紫香楽の水と森を護る神の山であって、金勝寺とのつながりが深いと伝えられている。

私は、大仏造営の場所として紫香楽が選ばれたのは、飯道山があったからであり、飯

飯道山

道山と紫香楽の存在を聖武天皇に教えたのは、良弁だったと考えている。

大仏は、紫香楽の甲賀寺《こうかでら》で造られ始めた。大仏の内部の木組みを立てる際には、聖武天皇もみずから綱を引いた。

しかし、平城京へ戻ろうとする反対勢力が放火を繰り返し、地震も相次いだことで、聖武天皇は、悩みぬいた末、大仏を紫香楽に造ることを断念し、平城京へ戻ってくる。

しかし、大仏造営はあきらめない。新しい造営場所として選ばれたのが、金鍾寺《こんしゅじ》（のちの東大寺）だった。ここは良弁の奈良における拠点で、『華厳経』の勉強会が続けられていた場所でもあった。

東大寺二月堂のすぐ脇に、紫香楽から勧請《かんじょう》されてきた飯道《いいみち》神社がある。聖武天皇は、飯道山の神様と一緒に奈良に戻ってきた。飯道神社から振り返ると真正面に大仏殿があり、その向こうには平城京が広がっている。

紫香楽において、飯道山は大仏と紫香楽宮を東方から見守る存在だった。飯道神社は今も東方から大仏と平城京を見守り続けている。

（2019年11月13日）

欽明天皇

仏教が日本に公式に伝わったのは、『日本書紀』によると、欽明《きんめい》天皇13年（552）のことだった。

百済《くだら》の聖明王《せいめいおう》から日本の欽明天皇に、金銅《こんどう》の釈迦仏や経典などが献上され、美しく輝く仏の姿をみた天皇は歓喜した。しかし、「朕《われ》、自《みずか》ら決《さだ》むまじ」と言って、仏教を日本に正式に入れるかどうかについては、態度を保留した。

蘇我稲目《そがのいなめ》は言った。「よその国々はみな敬っているのに、日本だけが背くのはどうでしょうか」

物部尾輿《もののべのおこし》は言った。「蕃神《あだしくにのかみ》（外国の神様）を入れたら、日本の神々がきっとお怒りになります」

欽明天皇は、国としては仏教を受け入れることはせず、稲目に仏像を授けて、試みに礼拝するよう申し付けた。つまりそうすることで双方の顔を立てた。

稲目が仏像を祀《まつ》ると、病気が流行《はや》り、たくさんの人々が亡くなった。尾輿は「私が申し上げた通りでしょう。早く仏像を投げ捨てましょう」と提言し、欽明天皇は「奏《もう》すままに」と、これを認めた。

それから30年ほどが過ぎた。この間に、蘇我氏は稲目から馬子《うまこ》へ、物部氏は尾輿から守屋《もりや》へ、天皇家は欽明から敏達《びだつ》へ、それぞれ世代交代していた。

さて、2体の仏像を手に入れた蘇我馬子は、仏教興隆に向かって踏み出した。仏教の興隆にはどうしても出家者が必要と考えた馬子は司馬達等《しばたつと》の娘を出家させた。これが善信尼《ぜんしんに》である。まだ11歳だった。そして善信尼の「弟子二人」も出家させた。日本の仏教は、この3人の女性から始まった。

馬子は家の東方に「仏殿」を造り、弥勒《みろく》の石像を安置した。その前で3人の尼が法要をおこなったところ、舎利《しゃり》（釈迦の遺骨）が出現した。

翌年、馬子は塔を建て、柱頭に舎利を納めた。しかし、このあとまた病気が流行《はや》り、敏達天皇の了解のもと、物部守屋は塔や仏殿を焼き、3人の尼の法衣《ほうえ》を奪い、尼をからめとらえて鞭《むち》で打った。

仏教が広まっていくには、まだしばらくの時が必要だった。

ところで、「万世一系」と言われる天皇家には、一度だけ断絶の危機があった。

6世紀の初めころ、第25代武烈天皇は皇子皇女がいないまま亡くなった。『日本書紀』には「男女無くして継嗣《けいし》絶ゆべし」とあり、皇統は断絶の危機に陥った。

そこで、近江国（滋賀県）に住んでいた第15代応神天皇の「五世の孫」を呼び寄せて、皇位につけた。これが継体天皇である。

現在の規定では親族には含まれない、かなり遠い血筋の人と言えるだろう。この継

丸山古墳に登る

体天皇の皇子が欽明天皇である。

敏達天皇、用明天皇（聖徳太子の父君）、推古《すいこ》天皇（日本最初の女帝）は、いずれも欽明天皇の子女で、やがて順に即位した。

欽明天皇陵（檜隈坂合陵《ひのくまのさかあいのみささぎ》）は明日香村にあり、宮内庁が管理しているが、たぶんそこは欽明天皇陵ではなく、そこから近い丸山古墳（橿原市）こそ、本当の欽明天皇陵だと思われる。

平成3年（1991）、大雨で丸山古墳の土砂が崩れて、石室への入口が露出したことがあり、石室の中にふたつの巨大な石棺が見いだされた。欽明天皇と堅塩媛《きたしひめ》（蘇我稲目の娘）の棺《ひつぎ》であろう。

丸山古墳は奈良県最大の前方後円墳。柵で囲われていないので、墳丘に自由に登ることができる。登ってみると、四周を見渡すことができて、このあたりでここが一番いい場所だと実感できる。

墳丘の上を静かに往復しながら、1500年近く前の、仏教が伝来した当時の人々のことを、懐かしく思った。

（2019年11月27日）

向原寺

推古《すいこ》天皇が、飛鳥の豊浦宮《とゆらのみや》で即位したのは、新暦に換算すると、593年1月15日のことだった。

推古天皇は、日本で最初の女性の天皇である。

そして10年後、推古天皇は小墾田宮《おはりだのみや》へ遷《うつ》った。

豊浦宮のあとには寺が建てられた。豊浦寺《とゆらでら》である。

現在、豊浦寺のあとには、向原寺《こうげんじ》という浄土真宗のお寺があり、境内の一角、本堂の脇で、豊浦寺の遺構の下に、豊浦宮の遺構がある様子を、実際に確認できる。

ところで、推古天皇の父、欽明《きんめい》天皇の時代に、朝鮮半島の百済《くだら》から、公式に仏教が伝えられた。

欽明天皇は、仏教を受容するよう主張する蘇我稲目《そがのいなめ》に仏像を授け、試みに礼拝《らいはい》させることにした。

稲目は、向原《むくはら》の家を「浄《きよ》め捨《はら》ひて」寺とし、仏像

豊浦宮の遺構

を祀《まつ》った。「浄め捨《はら》う」は「浄め祓《はら》う」の意味であろう。

ところが、稲目が仏像を祀ると病気が流行し、多くの人が亡くなった。そこで、仏教の受容に反対する物部守屋《もののべのもりや》は、天皇の許しを得て、仏像を「難波の堀江《なにわのほりえ》」に流し棄《す》て、寺を焼いた。

今年、完成して1300年になる『日本書紀』には、そんなふうに記述されている。難波の堀江は、仁徳《にんとく》天皇が難波に掘削《くっさく》した水路（運河）で、海に通じている。神道の祭祀に用いられる「大祓詞《おおはらえのことば》」には、すべての罪を海へ流して祓い清めていくやり方が、順を追って記されている。守屋の行為には、そういう意味があったと思われる。

こうした経緯をたどっていくと、稲目が建てた向原の寺が、日本で最初のお寺ということになる。その向原の地に向原寺はあるので、寺の入口に「日本仏法根源寺院最初」の表札が掲げられている。

日本で最初といえば、日本で最初に出家したのは、善信尼《ぜんしんに》という女性だった。のちに善信尼は、戒法を学ぶため百済に留学した。そして2年後、帰国した善信尼は桜井寺に住んだ。

この桜井寺は、豊浦寺のことだと考えられている。

ただし、これは推古天皇が即位する前の話なので、豊浦寺はまだ創建されていない。推古天皇が宮を遷したあと、別の場所にあった桜井寺が宮跡に移され、豊浦寺と名を改めたのではないかとも言われる。

善信尼の没年もわからないが、この向原の豊浦寺に住んだとすれば、ここは日本最初の出家者が住んだ場所でもある。

推古天皇は美しくて聡明な女性だったらしい。叔父にあたる蘇我馬子《うまこ》からの要求であっても、それが理にかなっていなければ、毅然として断る女性だった。

豊浦寺の伽藍《がらん》については、奈良文化財研究所による発掘調査で、かなりのことがわかっている。

現在、向原寺がある場所は、もとは豊浦寺の講堂があったところで、その南に金堂、さらにその南に塔があった。

講堂の基壇は、東西30メートル以上、南北15メートルという大規模なもので、基壇の南側から7世紀前半の瓦が大量に見つかった。講堂の建物は、10世紀以降に、倒壊もしくは焼失したらしい。

講堂の遺構の下に、玉石を使った石敷きを伴う掘立《ほったて》柱の建物の遺構が見つかった。この特徴は、飛鳥にあるほかの宮殿遺構と共通するので、これが豊浦宮の遺構である可能性が高い。

いくつかの「日本最初」が重なり合う向原の地は、飛鳥のなかでも特に大切な場所のひとつである。

（2020年1月8日）

妙観寺

天理市西井戸堂町《にしいどうどう》に、妙観寺というお寺がある。

しかし、行ってみると、そこには、お寺ではなくて、神社があった。山邊御縣坐《やまべのみあがたにいます》神社という。

その神社の境内の奥に小さなお堂があり、それが現在の妙観寺である。

お坊さんはいない。地域の方々がお守りしている。

ご本尊は高さが2メートルを超える堂々とした十一面観音。平安時代の後期に造られた像で、やさしい微笑みを浮かべて立っておられる。

そして、向かって右には難陀龍王《なんだりゅうおう》、左には雨宝童子《うほうどうじ》がお祀りされている。

この3体の組み合わせは、長谷寺（奈良県桜井市）と同じ。長谷寺のご本尊の十一面観音は、右手に錫杖《しゃくじょう》を添えているのが特徴である。

妙観寺の観音様は手に錫杖を添えていないが、立っている円筒形の台座に小さな穴があいていて、かつてはそこに錫杖を差していたことを確認できるので、長谷寺の三尊を模して造られたことがわかる。

しかし、それは、まだ表面だけの理解に過ぎない。

修理の折に、この十一面観音の体内に、奈良時代の塑像《そぞう》の心木《しんぎ》が納められていることがわかった。

塑像とは、土で造った像のことで、心木に藁縄《わらなわ》などを巻き付け、そこへ土を盛り上げて形を造っていく。

塑像は、古い土塀のように、時が経つと自然に、あるいは火災などの際に、土が崩れ落ちてしまうことがある。

奈良時代に造られた塑像の（おそらく）十一面観音が、平安時代の後期に壊れてしまい、心木だけが残った。

当時の人々は、心木を包み込むように、前後から木ではさみ、新しい十一面観音像を制作した。

そうすることで、新しい姿に替わっても、観音菩薩の魂がなくなることはなく、元のまま受け継がれていくと考えたのだろう。

心木は今も像内にあるので直接には確認できないが、修理の折の写真をみると、頭部は細く、先端が尖り、腕はない。木の種類は樟《くすのき》だという。

現在の観音像の本体も、その時代には珍しく樟を使っているのは、そのためであるに違いない。

ところで、妙観寺ではお堂のうしろの扉を開けて、外から観音様のうしろ姿を拝見することができる。

観音様のうしろ姿

うしろの扉を開き、正面に回ると、本物の後光のなかに観音様が立っておられるのを拝することができる。

うしろへ回ってみると、井筒《いづつ》（井戸の地上部分に設けた方形の囲み）が目に入る。なんとなんと、台座の下は井戸！　観音様は井戸の上に立っておられる。

ここの地名は「井戸堂」というが、まさにお堂は井戸の上にある。「井戸堂」を地元の方は、「いどんど」「いどんどう」と発音する。

そして、本堂の正面には、「みほとけのとほきひかりのみょうくわんじ　いつゝの上にうつるふだらく」（御仏の遠き光の妙観寺　井筒の上に映る補陀落）の御詠歌が掲げられている。

補陀落《ふだらく》は観音菩薩が住む浄土。井筒の上に、水の上に、補陀落浄土を見る。幻想的な美しいイメージである。

妙観寺は観光寺院ではない。お堂は、普段は閉まっている。堂内の「観世音さん年中行事表」によれば、6月と7月と8月の17日夜に、法要がおこなわれる。その日は朝から準備のため、世話役の皆さんが集まって来られ、お堂もあいているので、誰でも観音様を拝むことができる。

（2020年1月22日）

2

奇跡のような

武漢

平成16年（2004）、北京の中国国家博物館で、「扶桑《ふそう》の旅」と題する日本の文物の名品展が開催された。

この展覧会は、本当はその前年におこなわれる予定だったが、SARS（サーズ）の大流行で延期されていた。

ところで、日本の文物は繊細なものが多く、長く展示するとダメージを与えるので、途中で展示替えをして、作品を交替させる必要がある。

展示替えを担当する私は、6月13日に北京に入った。

14日は朝から展示替えの作業。夕方、ようやく仕事が終わり、外に出ると、黄砂を含んだ暴風で、数メートル先が見えない状態だった。

みんなで夕食をすませたあと、慰労会をということで、もう一軒行くことになった。

次のお店には、日本語がじょうずな女の子が5人ほどいた。午前0時が近づいた頃、隣に坐っていた江麗《ジャンリー》という女の子に「6月15日が誕生日なんだ」と言ったら、日付が変わったとたん、照明がおち、ハッピーバースデーの曲が流れ、お店から大きなケーキをプレゼントされた。

展覧会が終わるまで、展示品の状態を毎日チェックする担当でもあった私は、しばらく北京に滞在した。

そのお店の女の子たちは、日本のことを知りたがり、私は少しでも中国語を上達させたかったので、そのお店に通うようになった。

江麗が一番好きな言葉は「心想事成」だった。心に想う事は成る。「心願成就」と似ているが、日本では使わない四字熟語である。

私は鎌倉時代の道元が言った「切に思ふことは必ずとぐるなり」を思い出した。そういう話を江麗にして、道元が中国で過ごした日々についても語ったりした。

江麗に誕生日を尋ねたら、「旧暦？ 新暦？」と聞かれたのはおもしろかった。中国では旧暦が生きていた。

私は旧暦5月5日生まれ。換算してみると、その年は、6月22日が旧暦5月5日にあたっていたので、6月22日に誕生祝として江麗にちまきをごちそうになった。誕生祝を1年に2度してもらったのは初めてだった。

江麗は武漢の出身で、郷土愛がとても強かった。ふたりで武漢料理を食べに行ったこともある。

武漢がどんなところか知りたくなり、書店で武漢の観光案内書を買った。そして、高校時代に古文の授業で習った懐かしい詩を見つけた。

現在の黄鶴楼

故人西辞黄鶴楼
烟花三月下揚州
孤帆遠影碧空尽
唯見長江天際流

故人《こじん》、西のかた、黄鶴楼《こうかくろう》を辞し、
烟花《えんか》三月、揚州《ようしゅう》に下る。
孤帆《こはん》の遠影《えんえい》、碧空《へきくう》に尽き、
唯《た》だ見る、長江《ちょうこう》の天際《てんさい》に流るるを。

これは、唐の時代、詩人の李白《りはく》が、武漢にある黄鶴楼という有名な建物で、友人の孟浩然《もうこうねん》が舟で長江（揚子江）を揚州へ下っていくのを見送った時の詩である。

やがて舟は、青い空のなかへ消えていき、あとにはただ長江が、空の果てに向かって流れているのが見えるだけ。

武漢出身の江麗はもちろんのこと、ほかの女の子たちもこの詩をよく知っていて、声に出して読んでくれた。中国語の発音で読むと、日本語読みするのとは異なり、韻を踏んでいるのがとてもきれいに耳に入ってくる。

そのお店にはカラオケもあった。江麗は「東京砂漠」が好きで、「あなたがいれば、あなたがいれば」とつぶやいていたのを思い出す。

私が日本へ帰る前に、家庭の事情で、江麗は武漢へ戻っていった。あれから16年。新型肺炎大流行の武漢で、江麗は元気にしているのだろうか。

（2020年2月19日）

川を流れてきた

2月23日、ならまちセンター（奈良市）で、ミュージカル「川を流れてきたお地蔵さん」が初演された。

このミュージカルを監修させていただいた私は、パンフレットに次のように書いた。

＊

平成11年（1999）、前年の台風7号で破損した五重塔の復興を支援するため、奈良国立博物館で室生寺の展覧会が開催され、私も担当させていただいた。

この時、室生寺金堂のお地蔵さまの光背《こうはい》と、三本松安産寺のお地蔵さまを組み合わせてみたらぴったりで、安産寺のお地蔵さまが、もとは室生寺におられたことがはっきりした。三本松へは、川を流れてきたと伝えられている。

初めて安産寺を訪れた時、地元の方々が、お地蔵さまをとても大切にしておられるのが印象的だった。室生寺では子安《こやす》地蔵としての信仰はなかっただろう。三本松に来られて、最初はとまどわれたかもしれない。

仏像は造られた時が完成の時ではない。長い時をかけて、人々の祈りを受けて、素敵なほとけさまになっていく。安産寺に来て、お地蔵さまの前でそんなことを考えた。

素敵なミュージカル、お地蔵さまも観てね！

＊

安産寺（宇陀市三本松）のお地蔵さまは、平安時代の初めに造られ、もとは室生寺の金堂で、薬師如来像（中央）、十一面観音像（向かって左）と並び、薬師如来の向かって右側に立っておられた。

江戸時代になって、お地蔵さまは、室生寺の金堂に光背を残して、三本松へ移った。その理由はわかっていない。

地元では、川を流れてきたと伝えられている。川とは、宇陀川のこと。室生寺は宇陀川の上流にある。お地蔵さまは、三本松の海《かい》神社の前で、川から引き揚げられたという。そして、村人が運んでいるうちに急に重くなったので、ここがいいということなのかと考えて、現在の地に安置したのだという。

川を流れてきたとは、舟で運ばれてきたということかもしれない。

NHK奈良放送局の「仏教よもやま話」の収録のため、キャスターの新口絢子《にぐちあやこ》さんと安産寺へ行ったことがある。その時、改めて、お地蔵さまの美しさ素晴らしさに心を打たれ、それはきっとここでとても大切にされてきたからだろうと話したところ、立ち会っていた地元の方々がとても喜んでくださった。

お地蔵さまのミュージカルを作ろうとしていた荒井敦子さんが、安産寺でこの話を聞いたことで、私に監修の話がやって来た。

私は、20代の頃には、人として生まれてきて一番やりがいのある仕事は演劇だ、と思っていたくらいお芝居が好きだった。荒井さんの脚本に手を入れさせていただき、内河大造さんの演出も変えてもらったところがある。

正直なところ、初演の当日まで、どんなふうになるか、心配だった。そのうえ、新型肺炎の流行で、上演さえ危ぶまれる状況にもなっていた。

しかし、幕はあいた。そして、大成功だった。

「オンカーカーカビサンマエイソワカ」というお地蔵さまの真言の大合唱で始まり、「生きることは食べること」の合唱へ。荒井さんが作詞作曲した歌には、日常を超えていく強い力、人々を結束させる不思議な力がある。

出演者の皆さんも稽古の時よりはるかに輝いていた。音響も照明も素晴らしかった。

お地蔵さまのやさしさに触れて、おとなも子どもも変わる。時を超えて、人から人へ命の温《ぬく》もりが伝わっていく。

満員の観客は、マスクをしながら、みんな泣いていた。

（2020年3月4日）

荒井敦子さんと仲間たち

毘沙門天

現在、奈良国立博物館では、特別展「毘沙門天《びしゃもんてん》」が開催されている。開催されているとは言ったものの、奈良国立博物館は、新型コロナウィルス感染症の流行のために臨時休館中。当初は、3月17日から再開される予定だったが、休館期間が延長されたので、このまま終わってしまう可能性が高い。

仏像は、如来《にょらい》、菩薩《ぼさつ》、明王《みょうおう》、天の4種に大別できる。

「如来」には、釈迦如来、阿弥陀如来、薬師如来などがおられる。如来とは「悟《さと》りを開いて真理に達した者」の意味で、ブッダとも言う。

奈良国立博物館では、昭和59年（1984）に、特別展「ブッダ釈尊《しゃくそん》」を開催した。

「菩薩」には、観音菩薩、地蔵菩薩、文殊菩薩などがおられる。菩薩は「悟りを求めて修行中の者」と説明されることが多いが、これは正しくない。観音菩薩も地蔵菩薩も文殊菩薩も、悟りを求めて修行なんかしていない。

如来になると、通常は、私たちの世界を出て、浄土へ移る。阿弥陀如来は極楽浄土、薬師如来は瑠璃光《るりこう》浄土におられるのであって、私たちの世界にはおられない。

これに対して、菩薩は、私たちの世界におられるほとけさまである。

奈良国立博物館では、昭和62年（1987）に、特別展「菩薩」を開催した。「明王」は、お釈迦さまが亡くなられてずっと経ってから現れた、密教の新しいほとけさまで、不動明王や愛染明王などがおられる。

奈良国立博物館では、平成12年（2000）に、特別展「明王」を開催した。「天」は仏教世界の神様で、四天王（持国天、増長天、広目天、多聞天）や、吉祥天、弁才天などがおられる。

さあ、次は「天」の特別展だ。しかし、どういう内容がいいのだろうか。さまざまな「天」の名品を並べるだけでは、頭を使う必要も、調査研究をする必要もないし、それでは特別展の名に値しない。

特別展「毘沙門天」と聞いて、なるほどと思った。

四天王として4人でチームを組んでいる時には多聞天、ひとりでソロ活動する時には毘沙門天という。

四天王は、この世界の中心にある須弥山《しゅみせん》の中腹にいて、東西南北をそれぞれ守護する神々である。このうち北方を守護するのが多聞天だ。だから東北地方には毘沙門天像が多い。

多聞天は、四天王のなかで初めから特別な存在であったようで、毘沙門天の信仰も、時代によって地域によって、さまざまに展開していった。

今回の特別展は、学芸部の岩田茂樹さんが担当した。

地天女の右手（模造）

岩田さんは仏像のすぐれた研究者である。展覧会を開催するには、全国各地から、文化財を梱包《こんぽう》して運んでくる必要がある。触れたらくずれそうな状態のものを安全に運ぶには、特殊な梱包技術が必要なのだが、岩田さんは梱包の名人でもある。

岩田さんはこの3月で退職するので、今回の特別展は岩田さんの卒業展ということになる。だから、なおさら、臨時休館は残念でならない。

ところで、岩手県花巻市の三熊野《みくまの》神社の境内に毘沙門堂がある。地元では成島《なるしま》毘沙門堂と呼ばれ、巨大な毘沙門天像が安置されている。

その像は女性（地天女《ちてんにょ》）の手のひらの上に立っており（そういう姿の毘沙門天を「兜跋《とばつ》毘沙門天」という）、地天女と合わせると高さが5メートル近くもあって、毘沙門天像としては日本一大きいそうだ。

行ってみると、毘沙門天像はコンクリートの収蔵庫へ移されていて、毘沙門堂はからっぽになっていたが、そこに毘沙門天を乗せていた地天女の右手の模造が置かれていた。体の悪いところをこの手で撫《な》でると治るのだという。からっぽの毘沙門堂で、毘沙門天と地天女に親しみを覚えながら、さっそく、あっちこっちを撫でてみた。

（2020年3月18日）

仏教よもやま話

ＮＨＫ奈良放送局の夕方の人気番組「ならナビ」に、私が担当するコーナーがある。その「西山教授の仏教よもやま話」は、始まってから、まもなく6年になる。

ＮＨＫ奈良放送局のアナウンサー（キャスター）と私がいろんなお寺を訪ねていくもので、初代のお相手は荒木美和さん、2代目は新口絢子《にぐちあやこ》さんだった。

荒木さんとは、璉珹寺《れんじょうじ》から白毫寺《びゃくごうじ》まで20あまり、新口さんとは、額安寺《かくあんじ》から興福院《こんぶいん》まで50ほどのお寺を、一緒に訪ねた。

荒木さんも新口さんも途中から着物姿になり、それがまたとてもよく似合っていて、なんとも言えずいい雰囲気を醸《かも》し出していた。

これまで同じ着物が2度登場することはなかったが、新口さんの場合は、すべての着物も小物も、ヘアメイクを担当する五十嵐公子《まさこ》さんの私物だった。しかも、これは、素敵な映像にしたいという、五十嵐さんの無償の行為であって、感謝してもしきれないと思っている。

ところで、荒木さんから新口さんに替わった時に、番組の構成を変えてもらった。それまでは、私が話し、最後に私がまとめる構成だったのだが、新口さんになって、締めくくりの言葉は、新口さんにしてもらうことにした。

荒木さんはお寺に出入りすることが多く、僧侶の方々とも付き合いが広かった。それぞれのお寺についても、仏教についても、かなりよく知っていた。

新口さんはお寺についても仏教についてもほとんど知らないようだった。しかし、それがいいと思った。新口さんは聡明で素直で、初めて聞く話を、これ以上はないと思うくらいに理解してくれた。そして、感じたことや思ったことを、自分の言葉で明瞭に語ることができた。

新口さんには、予習をしてこないでとお願いした。このコーナーには台本がない。前もって打ち合わせもしない。当日、現場で、ディレクターとカメラマンと私が、必要最小限の打ち合わせをおこなうのだが、その時にも、新口さんには入ってもらわず、私たちの声が聞こえない場所まで離れてもらっていた。

そして、まったくの白紙で収録を始めて、その3時間後、新口さんの言葉で締めくくる。いつもいつも、新口さんの言葉は新鮮で素敵で、ああ確かにそうだと思うことが多かった。

私は「知識」をそれほど大切なものだとは思っていない。浄土宗を開いた法然上人が、亡くなる2日前に、どんなに学んでもすべてを忘れてひたすら称《とな》える念仏が一番素晴らしい、という意味のことを言っておられる。気をつけていないと、知れば知るほど目が曇るということも、案外ありがちだ。

新口絢子さんと私（興福院にて）

仲のよい2人がお寺にやって来て、仲のよい時間を過ごす。テレビを見ている人が、その様子を見ていて、なんだか幸せな気持ちになる。

私が「仏教よもやま話」でめざしていたのはそういう世界だった。知的好奇心に刺激を与えたいわけではない。

3時間語り合って、6分30秒の番組になるのだから、90パーセント以上はカットされてしまい、世には出ない。でも、それは構わない。カットされるのは初めから承知の上で、新口さんとカメラと照明と音声の担当の方々に伝わるよう、私は語り続けた。私たちは、本当にワンチームだった。

新口さんとのコンビで、めざしていた世界は実現できたと、自分では思っている。

最終日、興福院での収録の折に、新口さんは泣いた。

そして、3月27日を最後に、大阪へ去った。

しかし「仏教よもやま話」は終わらない。

きょう4月1日は、3代目のお相手に決まった源田《げんだ》愛莉那《えりな》さんと一緒に法華寺へ収録に行く。源田さんと2人で、新しい世界へ向かって、新しく旅立つのだ！

（2020年4月1日）

祈る

4月5日、春日大社の境内にある水谷《みずや》神社で、花鎮《はなしず》めの祭がおこなわれた。疫病は桜の花が散るころにはやる。体験から、昔の人はそう考えていた。だから桜の花に、まだしばらく散らないでね、とお願いする。これが花鎮めである。奈良時代には、天然痘が大流行した。当時の日本の人口はおよそ500万人と推定されているが、100万人以上が亡くなったと考える研究者もいるほどだ。

こんな時、当時の人々は、神仏に祈るしかなかったのだろうか。いや、違う。天然痘にはどのように立ち向かったらいいのか、全国の人々に、都から通達が出た。患者の腹や腰を布で巻いて冷やしてはならない。重湯《おもゆ》や粥を与えること。鮮魚・肉・果物・生野菜は食べてはならない。重湯や粥を作る米がない人には、国司（現在の県知事）が備蓄してある米を支給せよ、などなど。

文書を受け取ると、書き写して、隣の国に届ける。国司は、国内のすべての人々に伝える。壮大な伝言ゲーム。

それでも、人ができることには限界がある。無力さを思い知った時、人は神仏に手を合わせ、祈るのだろうか。

花鎮めの祭

東大寺の二月堂でおこなわれる「お水取り」は、練行衆《れんぎょうしゅう》と呼ばれる僧侶たちが、十一面観音におわびをして、天下安穏・五穀成熟・万民豊楽《ばんみんぶらく》など、みんなの幸せを祈る行事である。

なぜおわびをするのか。

昔の人は、災いは人間が悪いことをするから起きる、と考えていた。だから、練行衆は、災いが起きないように、私たちが犯した罪をすべて肩代わりして、十一面観音に、おわびをしてくれている。

しかし、東日本大震災は、練行衆が二月堂でおわびをしている時間帯に起きた。心からのおわびも、切なる祈りも、神仏には届かないのだろうか。

薬師寺金堂の「花会式《はなえしき》」も、練行衆が薬師如来におわびをして、みんなの幸せを祈る行事である。

「花会式」と呼ばれるのは、お堂のなかを10種の造花で美しく飾るためだ。

金堂にたくさんの造花を飾るようになったのは、嘉承2年(1107)、堀河天皇が后妃《こうひ》の病気平癒を祈り、病が癒えて喜んだ后妃が造花を奉納したことに始まるという。

それは本当だろうか。

后妃とは、堀河天皇より19歳年上の中宮《ちゅうぐう》、篤子《とくし》内親王のことだが、嘉承2年に中宮の篤子が重い病になったとは、今のところ、同時代の史料に見いだせていない。

そして堀河天皇は、その嘉承2年の7月19日に、29歳の若さで亡くなった。「末代の賢王」と讃《たた》えられ、多くの人に愛されて、管絃《かんげん》（笛などの楽器の演奏）にもすぐれた才を発揮したが、病弱だった。

堀河天皇が亡くなる2日前に、中宮篤子を含む7人が発願《ほつがん》した七仏薬師像（7体の薬師如来像）が宮中に運び込まれた。薬師如来との関係はそれくらいしか見当たらず、京都の堀河天皇と奈良の薬師寺との間に、特別に深い関係があったようにはみえない。

堀河天皇は16歳の頃から毎年のように病んだ。そして、人々の祈りに包まれながらも、苦しみのうちに亡くなった。その経緯は、周囲にいた人たちの日記から、詳しくわかっている。

なかでも、天皇の臨終時に寄り添い、体が冷たく硬くなっていく様子まで書き留めている讃岐典侍《さぬきのすけ》（藤原長子《ながこ》）の日記は、胸に迫る。

堀河天皇の家臣で、天皇は龍王に転生《てんしょう》して北の海にいると信じ、強い風が吹く日に、北へ向かって船出して帰らなかった人もいる。

おわびをしても祈っても、災いはなくならない。病気も治らない。しかしそれでも、人は祈る。祈ることで、支えられて、人は強くなれる。

（2020年4月15日）

疫病をこえて

4月19日朝、NHKの「日曜美術館」を見た。テーマは「疫病をこえて」。とてもよい内容だった。

中世のヨーロッパではペストが大流行した。人口の3割が亡くなったという。その悲惨さは、現在の新型コロナウィルス感染症の比ではなかった。

この時期は、疫病の蔓延《まんえん》を誰かのせいにしようとする悪口や非難、差別、デマが世に満ち、ニセ預言者《よげんしゃ》も現れた。今の日本と似ている。そして疫病をもたらしたとして、罪のない大勢のユダヤ人が火あぶりにされた。

絶望的な状況のなか、こんな考え方が生まれてくる。

死者は生きている人よりもいろんなことを知っている。死者の教えに耳を傾けよう。それが生きる知恵を学ぶことになる。

東日本大震災のあと、耳を澄ませば死者の声が聞こえてくるという、いとうせいこうさんの『想像ラジオ』がベストセラーになったことを思い出した。

ヨーロッパでは、このような暗黒の時代の先に、あるいは地域によっては並行して、新しい文化運動「ルネサンス（再生）」が花開く。

「日曜美術館」で、美術史家の小池寿子さんが「人知の及ばない災いが起こった時、人間は思いがけない力を持ちうる」と語っていた。

今の日本にも、世界にも、次の新しい時代を生み出す「思いがけない力」が、きっと蓄積されつつあると思う。そういう意味で、今がとても大切な時であることは間違いない。

「日曜美術館」で、作家の小野正嗣さんが「生きる意味をひとりひとりが考えることができる、いい時間になっているのかもしれない」と言ったことにも共感できた。

医療の現場にいる方々や、苦しい状況に追い込まれている事業者の方々、必死の取り組みを続けている行政の方々を思い、何か手助けができないかと模索しつつ、同時に、生きることの意味、死ぬことの意味を、深く考える。そんなふうに、いつもとは違うことができる貴重な時間を私たちは過ごしている。

ところで、4月21日に、大和郡山市番条町では、それぞれの家で、いつもは仏壇にお祀《まつ》りしている弘法大師像を取り出して、外に安置し、誰でも拝めるようにする。そしてタケノコや高野豆腐などをお供えして、お花を飾る。

お寺ではなく、個人の家に、しかも宗教や宗派に関係なく、弘法大師像が祀られている。

江戸時代、文政13年（1830）にコレラが大流行した。この時、番条では弘法大師信仰が高まり、190年後の現在にまで続いている。番条の集落をひとまわりすると、

弘法大師像を祀る

八十八か所の四国遍路をしたことになるそうだ。

疫病と人間との関わりについて深く考えさせられた。

「修《しゅう》身《しん》斉《せい》家《か》治《ち》国《こく》平《へい》天《てん》下《か》」という言葉がある。古代中国の『礼記《らいき》（大学）』にみえ、修身→斉家→治国→平天下の順序が大切だという教えである。まず自分の身を修め、次に家庭をととのえ、その次に国を治め、最後に天下を平らかにする。初めに修身あり。グローバルとかインバウンドとか、それもいいけれど、その前にすることがあるのではないか。修身、つまり自分自身、個々の修練だ。

経済活動が止まり、空気がきれいになったので、インドの北部では、数十年ぶりに、ヒマラヤの白い峰々が、遠くにはっきりと見えるようになった。人間以外の動物たちはすっかり元気になり、季節の花は次々に咲く。

疫病の流行はやがて終息する。例外はない。歴史を学べばわかる。今、私たちは、真っ暗闇のなかにいるわけではない。目を上げれば、行く手に、すでに光が見えている。

（２０２０年４月29日）

薬をくれた

『月刊大和路ならら』5月号に、薬師寺の高次喜勝《たかつぎきしょう》さんが、袋中上人《たいちゅうしょうにん》について書いていた。

袋中上人は、江戸時代初めの浄土宗の僧侶。

東北に生まれて、琉球（沖縄）で浄土宗をひろめ、最後は京都（現在の京都府京田辺市）で亡くなった。奈良の寺に住んでいた時期もある。

袋中上人の時代にも疫病が流行した。伝記絵巻（『袋中上人絵詞伝』）に、その時の逸話が紹介されている。喜勝さんも指摘しているように、疫病と人間との関係を考えさせられる、とても興味深い内容である。

ある夜、袋中上人のもとにひとりの老翁《ろうおう》がやって来る。疫神だった。袋中上人が「汝《なんじ》は、なぜ人を悩ませるのか」と問うと、疫神は「これ、人みずから悩めり。必ずしも我の所為《しょい》にあらず」と応え、鬼の姿に変じた。所為とはしわざのこと。

疫病が流行して人が苦しんでいる原因は、人間が自分で作り出したのであって、必ずしも私がやったわけではないと疫神は言う。

現代社会における疫病流行の原因が人間にあることとは、すでに明らかになっている。

鬼（疫神）が薬をくれた

森林の伐採で都市と奥地がつながり、野生動物と人間が接触するようになって、未知のウィルスが人間社会に入り込む。そして近年のグローバル化によって、感染は容易に世界へ広がっていく。新型コロナウィルスも、こんなパンデミック（世界的な大流行）は「我の所為にあらず」と言うかもしれない。

老翁が鬼に変じても、袋中上人は驚く様子もなく、「この疫病はどうすれば治るのか」と尋ねた。

すると、鬼は小さな盃《さかづき》に薬を盛って、袋中上人に差し出した。この薬のおかげで、疫病はたちどころに平癒した。疫神が薬をくれた！

この疫神は、袋中上人に薬をくれるためにやって来たようなものではないか。人間が疫病を流行させ、疫神は人間に薬をくれた。

疫神は敵ではない。この伝記絵巻を制作した江戸時代の人は、そんなふうに考えていることがわかる。

疫神は鬼の姿で表わされることが多かった。

奈良国立博物館が所蔵する国宝「辟邪絵《へきじゃえ》」（辟邪＝邪を辟《さ》ける）は、平安時代の終わりに制作された。

そこには、疫鬼たちを退治する神々が描かれており、このうち天刑星《てんけいせい》は4本の腕で疫鬼たちを捕らえ、お酢に浸《ひた》して食べている。

奈良時代、疫病は何度も流行した。淳仁天皇と光仁天皇の詔では、疫病を起こす悪神を「癘鬼《れいき》」「厲鬼《れいき》」と表現している。これは中国の思想に基づいているのだろうが、早くから疫病が鬼の所為と考えられていたことがうかがえる。

鎌倉時代の『春日権現験記絵巻《かすがごんげんげんきえまき》』では、疫神（疫病）は武装した軍勢で表わされている。その武士たちがある屋敷にだけ入らなかったのは、そこに『成唯識論《じょうゆいしきろん》』という仏典が置かれていたからだった。

室町時代の『融通念仏縁起絵巻』では、疫神（疫病）はさまざまな鬼たちの異形《いぎょう》の集団で表わされている。彼らがある屋敷にだけ入らなかったのは、そこで大勢の人々が一心に念仏を称《とな》えていたからだった。

中世のヨーロッパでペストが大流行した時、それは悪魔の所為だと考えられた。キリスト教世界において、悪魔が人間を助けてくれることはあるのだろうか。それはないと思う。

鬼の姿をした疫神が袋中上人に薬をくれた。絵巻のあの場面は強く印象に残る。帝塚山大学で学生たちに日本文化の特色は何かと質問したら、ひとりの女子学生が「絶対悪がない」と答えた。その通りだ。日本には悪魔のような絶対悪が存在しない。疫神でさえ、絶対悪ではない。人間は、疫神とともに、これからも生きていく。

（2020年5月13日）

仏像写真

6年前、奈良国立博物館を退職する際に、学芸部の人たちが慰労会を開いてくれた。その時、私は「いつかぜひやってもらいたい展覧会が、ふたつある」と言ってみた。ふたつとは「明治の奈良」と「仏像写真」だった。

「明治の奈良」については、神仏分離、壬申《じんしん》検査、古社寺保存法の成立に、町田久成《ひさなり》・蜷川式胤《にながわのりたね》・フェノロサ・岡倉天心らをからめていく。

「仏像写真」については、明治5年（1872）の壬申検査の折に、横山松三郎が撮った仏像写真から始めて、工藤利三郎、小川晴暘《せいよう》、小川光三、入江泰吉、土門拳といった方々や、現代の写真家の作品を通して、仏像そのものとは異なる魅力と価値をもつ、仏像写真の本質に迫っていく。

宴席でそんなふうに言ってはみたが、失礼ながら、たぶんやってくれないだろうと、心のなかでは思っていた。

奈良国立博物館で、昨年の12月から今年の1月にかけて、法隆寺金堂壁画の写真の展覧会が開催された。

法隆寺の金堂は昭和24年（1949）に焼け、素晴らしい壁画（仏画）も焼損した。

しかし壁画は、焼損する前の昭和10年（1935）に撮影されており、その時のガラス乾板《かんぱん》を中心にして、明治時代から始まった文化財写真の歴史を振り返る内容だった。これは素晴らしい展覧会だった。時間をかけて準備し、調査研究が行き届き、展示の仕方にも工夫があり、何よりも、そのテーマと展示されている品々に対して、深い愛情が感じられた。

そして、ふと、これは「明治の奈良」「仏像写真」の展覧会ではないか、と思った。担当した宮崎幹子《もとこ》さんに、念のために確認してみると、慰労会での私の発言は、予想通り「覚えていません（笑）」とのことだった。

今、私が館長を務める東京の半蔵門ミュージアムでは、特集展示「大和路の仏にであう」を開催している。

開催していると言っても、残念ながら新型コロナウイルス感染症の流行のために現時点では臨時休館中であるのだが、永野太造《ながのたぞう》さんが撮った仏像写真の展覧会である。

永野太造さんは、奈良国立博物館の敷地内にある鹿鳴荘《ろくめいそう》（現在は永野鹿鳴荘）を経営しながら、文化財としての仏像の写真を撮った人。

昭和27年（1952）に奈良文化財研究所が設立されると、文化財の撮影を委嘱され、仏像の撮影に出かけることも多かった。

個展や写真集で発表することはなかったが、『大和古寺大観』など、永野さんの写真が使われた美術書は多い。

昭和32年（１９５７）には、永野さんが撮影した東大寺の月光菩薩《がっこうぼさつ》の写真を使った奈良大和路仏像ポスターが、世界観光ポスター展で最優秀賞を受賞している。

帝塚山大学の服部敦子さんが調査のため訪問したことが契機となって、ご遺族から永野さんが撮ったガラス乾板６９３４点が帝塚山大学に寄贈された。

同じ仏像を撮っても、撮る人によって、まったく違う写真になる。表情が異なり、印象が違い、別の仏像かと思う場合さえある。

それぞれの人が、それぞれの美意識をもっており、その人にとって、その仏像にとって、一番美しいと思われる姿や表情を撮ろうとして、カメラの位置や高さ、シャッター速度や絞り、照明の当て方などを工夫する。それが、人によって異なっている。

半蔵門ミュージアムの入口

永野さんの写真を見ると、よく知っている仏像なのに、初めて見る表情だと思うことも少なくない。撮影時には、仏師の目線を意識していたそうだ。

私は、奈良国立博物館で過ごし、帝塚山大学で教え、現在は半蔵門ミュージアムにいる。三位一《さんみいっ》体《たい》のような不思議なご縁で、この展覧会は実現した。開館できる日が待ち遠しい。

（２０２０年５月27日）

黄泉比良坂

今後、出生率が持ち直すことがあっても、出生数が減少し、死亡数が上回る傾向は、来年以降も続く。厚生労働省が発表した。そうして日本の人口は徐々に減っていく。

おかしい。どうしたんだ、イザナギノミコトは！

イザナギノミコトとイザナミノミコトは離縁した。

その時イザナミ（妻）は「これから、あなたの国（日本）の人を一日に千人殺す」と告げた。

イザナギ（夫）は「それなら私は一日に千五百人生まれるようにする」と応えた。

こうして、日本は、人口が一日に五百人ずつ増えていくようになった。

『古事記』に記された日本神話ではそういうことになっている。

ところが今、亡くなる人のほうが多くなっているとのこと。イザナギのパワーが衰えてしまったのだろうか。それともイザナミのパワーが増したのか。

子どもの時にこの話を読んで、女の人は怖いなあと思った覚えがある。

イザナギとイザナミは交わり、次々に子どもを産んだ。子どもといっても、それは島だったり、風の神、木の神、山の神、野の神だったり。

そうして最後に火の神を産んだ時、イザナミはやけどをして死んだ。

怒ったイザナギは、刀を抜いて火の神を切り殺す。父がわが子を切り殺す。飛び散った血から、神々が誕生した。そのひとりがタケミカヅチ、春日大社の第一殿に祀《まつ》られている神である。

イザナギは妻に会うために死者の国へ向かう。しかし、遅かった。イザナミは死者の国のものを食べてしまったので、もう戻れない。

イザナミの体がすでに腐っていて、全身に悪い雷神がとりついているのを見たイザナギは逃げ出した。

「私に恥をかかせましたね」イザナミはつぶやいて、ヨモツシコメという怖い女性や、雷神たちに、イザナギを追いかけさせる。

しかし、死者の国と生者の国の境、そこは黄泉比良坂《よもつひらさか》の麓《ふもと》なのだが、そこまで来た時に、イザナギが桃の実を投げると雷神たちは退散した。

そのあとイザナミがやって来て、初めに書いたような、怖いやり取りをする。

ある時、帝塚山大学の授業でこの話をしたら、ひとりの男子学生が「イザナミは悲しかったのではないか」と言ったので、そうだったのかと、今さらながら、ようやく気がついた。

確かにイザナミは悲しかったのだろう。国造りの途中だったのに、出産によって、愛する夫を残し、子どもたちも残し、この世を去らねばならなかった。

黄泉比良坂

死者の国まで来てくれたのはうれしかったけれど、ここで待ってて（私を見ないで）と約束したのに、約束を破って入って来て、私の本当の姿を見たら、逃げ出した夫。

そして、死者の国と生者の国との間に大きな石を置いて、行き来をできなくしてしまった夫。

イザナミは悲しかった。だから、怖いことをつい言ってしまった。イザナギは妻の深い悲しみに気づかなかった。男と女はいつもこんなふうにすれ違う。

奈良出身の絹谷幸二さんの「黄泉比良坂」という作品がある。

右手前にイザナミが仰向けに横たわっている。体は腐って崩れかけ、骨が露出している。そして、向こうの明るい場所に少年のようなイザナギがいて、たくさんの桃をこちらに投げつけている。

明るい場所にいる少年のようなイザナギと、暗いところに横たわり、虚空に目をやるイザナミ。

すれ違うふたりの思いが、悲しいまでに感じられた。


（2020年6月10日）

湛海と宝山寺

延宝6年（1678）10月10日、菜畑《なばた》村庄屋の朴木《ほおのき》六右衛門を案内人として、湛海《たんかい》律師は生駒山の聖地、般若窟《はんにゃくつ》に登った。

そこにはかつて村の氏寺があったが、すっかり衰えており、村人は五穀が実らないのはそのためだと考えていた。湛海はそこで数日を過ごす。

4日後、六右衛門をはじめ菜畑村の村役人たちは、湛海にその土地を寄進した。湛海に信頼を寄せたことがうかがえる。湛海は50歳だった。

湛海は伊勢国安濃郡（現在の三重県津市）の出身で、18歳で江戸へ赴き、深川の永代寺で出家した。

22歳からの3年間は京都に住んだ。そして毎月24日には断食し、般若心経を一千巻唱えながら、裸足で愛宕山を往還するという苦行を続けた。何事も徹底してやるのが湛海の特徴である。

そのあと湛海は、高野山で密教を学び、江戸に戻ってからは、聖天《しょうてん》（歓喜天《かんぎてん》）を深く信仰するようになる。

やがて京都の粟田口《あわたぐち》（粟田神社のある場所）に歓喜寺を創建し、聖天供（聖天を供養する修法《しゅほう》）に専念したが、圓忍《えんにん》律師と出会い、人生が大きく変わる。

江戸時代のこの時期は戒律の復興運動がさかんで、圓忍はその中心的人物だった。湛海は圓忍が住む神鳳寺《じんぽうじ》（大阪府堺市の大鳥大社の場所にあった寺）に移り、律を学んで3年を過ごした。その間に、信仰対象が聖天から不動明王へ変化した。

生駒山に登ったのは、そういう経緯のあとだった。

湛海は、般若窟に弥勒菩薩像を安置した。そしてその下方に、本堂を建てて自作の不動明王像を、聖天堂を建てて自作の聖天像を安置した。

湛海には、仏像を彫り、仏画を描く才能があった。湛海が彫った仏像は25体、仏画は34幅が知られている。

元禄5年（1692）に、寺の名を旧来の大聖無動寺《だいしょうむどうじ》から宝山寺《ほうざんじ》に改めたのは、これで伽藍が整ったと実感できたからであろう。

不動明王を供養するには、護摩供《ごまく》をおこなう。護摩木を燃やすと、不動明王はその香気を食して力を増し、人々に福を与えてくれるという。

湛海は10万枚の護摩供を27度おこなっている。これは尋常ならざる護摩木の枚数で、ほとんど自分を焼き尽くすほどの行《ぎょう》だと言ってよい。

聖天を供養するには、温めた油のなかに聖天像を入れて油を注ぐ浴油供《よくゆく》をおこなう。秘法中の秘法なので詳細はわからないが、宝山寺では、300年以上、1日も欠かすことなく、（現在は午前2時に）浴油供をおこなっているそうだ。

宝山寺

商売繁盛の信仰を集める宝山寺。参道の石段の両脇には寄進者の石碑がずらっと立ち並んでいる。一千万、二千万、五千万、一億円という寄進金額に驚かされるが、その目的はすべて「永代浴油」のためで、とにかく信仰が篤《あつ》い！

湛海は50歳で入山して以来、88歳で亡くなるまで、宝山寺を出ることはなかった。38年間、ただひたすら人々の幸せを祈り続けた。

やがて湛海の存在は広く知られるようになり、京都の天皇や公家、江戸の将軍、郡山藩の家老、他寺の僧侶、住友家をはじめとする大坂の商人など、各方面の人々から尊崇されるようになり、湛海が作ったお守りが求められた。

湛海自身の信仰の中心は、聖天から不動明王へ移ったので、本尊は不動明王、聖天は鎮守という位置付けだが、多くの参詣者の祈りは聖天へ向かっているようにみえる。

聖天さんは、象の顔をしたふたり（大自在尊と観世音であるという）が抱き合う不思議な姿をしている。聖天さんを祀《まつ》るお寺は多いが、すべて秘仏になっていて、実際に目にすることはほぼない。

聖天さんが喜ぶお供えは、大根と歓喜団《かんぎだん》というお菓子とお酒。歓喜団の形が巾着《きんちゃく》に似ているので、巾着も聖天信仰のシンボルになっている。

（2020年6月24日）

興福寺国宝館

一昨年の10月に、興福寺の中金堂《ちゅうこんどう》が300年ぶりに復興されたことは、まだ記憶に新しい。

都が奈良に遷ると、由緒あるお寺も次々に移ってきた。興福寺もそのひとつである。興福寺では、まず金堂が建てられた。興福寺は藤原氏の氏寺で、本尊は藤原鎌足が造らせた釈迦三尊像だった。

平城遷都と興福寺の移建を進めたのは鎌足の子の不比等《ふひと》で、程なくして不比等が亡くなると、冥福を祈って、興福寺に北円堂が建てられた。

そのあと、聖武天皇が伯母（元正太上天皇《だじょうてんのう》）の病気全快を願って東《とう》金堂を、光明皇后が五重塔に続いて、母の冥福を祈って西《さい》金堂を建てた。東西に金堂ができたので、もとの金堂は中金堂と呼ばれるようになった。

やがて講堂、僧房、食堂《じきどう》なども整備され、平安時代に入って、藤原冬嗣《ふゆつぐ》が父の冥福を祈って南円堂を建てると、興福寺の伽藍《がらん》整備は完了した。

ところで、興福寺の歴史は火災の歴史でもあった。中金堂は7度も焼けている。

しかし、興福寺はそのたびに、元通り再建された。これは案外珍しい。中金堂の柱

興福寺国宝館

をのせた66個の礎石のうち、64個は奈良時代の創建時の礎石で、中金堂は１３００年間、場所も大きさも変わっていないことがわかる。

今はない西金堂も南大門も中門も、今は仮堂しかない講堂も、いつかやってくる再建の日を待っている夢の途中と言えるのかもしれない。

そういうなかで、重要な建物としてはただひとつ、食堂だけは明治になってから壊された。僧侶が食事をする建物で、いま国宝館が建っている場所にあった。これを廃仏毀釈《はいぶつきしゃく》の例とみる人もいるだろうが、そうではない。

明治5年（１８７２）、明治政府は「学制」を出し、学校制度の創設を宣言した。学校には先生が必要なので、先生を養成するための伝授所（師範学校）も必要となった。

そのころの興福寺には僧侶がいなかった。みんなで春日大社の神官になってしまったので、興福寺は廃寺となり、建物は国が管理していた。

明治8年（１８７５）、奈良県は、「官有建物」である興福寺の食堂を「改修」して伝授所にしたいと国に申請して、認可された。

しかし、設計段階で、内部の「改修」だけでは校舎にするのが難しいとわかり、柱を4本だけ再利用することで「改修」の顔を立て、食堂を取り壊すことにした。

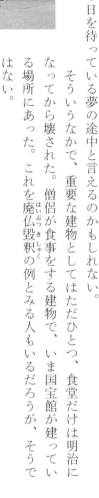

食堂の本尊は、5メートルを超える大きな千手観音像だった。この時、この像も一緒に壊していれば廃仏毀釈と言えるだろうが、千手観音像は別のお堂へ大切に移された。

やがて完成した建物は、師範学校の校舎として使われたが、明治20年（1887）から奈良県の庁舎になり、のちに県の新庁舎が完成すると、水門町《すいもんちょう》へ移築されて、奈良高等女学校の校舎となった。

建物が水門町へ移ってから昭和34年（1959）の国宝館開館まで、ここは「食堂跡」として空閑地になっていた。

実は、国宝館の地下には食堂の遺構が保存されている。地下に降りるとまず目に入る礎石は鎌倉時代の復興期のもので、その下に奈良時代の創建時の礎石も残っている。そうして、国宝館の中央に立っておられる大きな千手観音像こそ、食堂の本尊だった観音様で、その時とほぼ同じ位置に今も立っておられる。

私はこの観音様が好きだ。見上げるととても神々《こうごう》しい。

かつて、食堂の南手前には細殿《ほそどの》という建物があったが、食堂と一緒に壊された。国宝館を横からみると、屋根が南北に二列あり、食堂と細殿を再現したように思われる。

本尊の千手観音が元の位置に戻って立っておられることもあるし、食堂もまた元のように復興されていると言ってもよいのではないだろうか。

（2020年7月8日）

東大寺法華堂

かつて、東大寺は山の上の寺だった。

大仏殿に向かって右手の坂を登ると、山の上には「お水取り」で知られる二月堂や、法華堂（通称三月堂）などの建物が並んでいる。

上院《じょういん》と呼ばれるこの場所が東大寺の中心寺域だった。

神亀5年（728）9月、聖武天皇の皇子が幼くして亡くなった。天皇は皇子の冥福を祈り、平城京の東の山の中に「山房」を建てた。これが金鍾寺《こんしゅじ》である。

上院には、金鍾寺のほか、行基が建てた天地院や、福寿寺、千手堂、阿弥陀堂などがあったが、やがて合流して金光明寺《こんこうみょうじ》（大和国の国分寺）となり、山の下に大仏が造られ始めると、東大寺（東の大寺）と呼ばれるようになる。

上院の中心的なお堂は法華堂（古くは羂索《けんさく》堂という）で、リーダーは良弁《ろうべん》だった。

法華堂の本尊は大きな不空羂索観音像。その左右に合わせて8体の像が並び、さらに本尊の背後の厨子《ずし》のなかに、秘仏の執金剛神《しゅこんごうじん》が反対方向を向いて立っておられる。

平成23年（2011）までは、このほか、本尊の両脇に日光菩薩と月光《がっこう》菩薩が立っておられ、吉祥天や弁才天もおられたが、東大寺ミュージアムへ移された。

日光菩薩と月光菩薩は本当は梵天《ぼんてん》と帝釈《たいしゃく》天で、明治時代にアメリカ人のフェノロサが薬師寺の薬師三尊とこの両像をこの時代の最高傑作と讃《たた》えている。

さて、近年の法華堂の修理の際に大発見があった。

本尊の不空羂索観音が立つ八角二重基壇の上段の内部構造材が、年輪年代法により、天平元年（729）に伐採されたことがわかったのだ。

そして、その上に置かれた本尊の台座も、黒漆の塗り方などから、基壇とセットで造られたとみなされるので、その台座に立っている不空羂索観音像も、ほぼその頃に制作されたのではないかと考えられるようになった。

平安時代に東大寺の歴史をまとめた『東大寺要録』によれば、羂索堂は天平5年（733）に創建され、良弁が不空羂索観音像を安置した。像のうしろには「僧正〈＝良弁〉本尊」という等身の執金剛神があると記されている。

法華堂の建築部材からは、天平3年（731）の伐採年が検出されている。神亀5年（728）に亡くなった皇子の冥福を祈って観音像が造られて法華堂が建てられた、と考えるにはちょうどよいデータで、お寺の伝えは正しかったと言えそうだが、不空羂索観音像の制作はもっと遅れると考える研究者は今も多い。

ところで、修理の際に、八角二重基壇の下段に、7箇所の台座の痕跡が発見された。かつて、そこに7体の仏像が置かれていたことになる。

7体とは、日光菩薩と月光菩薩（実際は梵天と帝釈天）、現在は戒壇堂におられる四天王4体、そして執金剛神で、この組み合わせは『金光明最勝王経』の「如意宝珠品《にょいほうじゅぼん》」に基づくとの指摘がある。

「如意宝珠品」によれば、観音菩薩、梵天、帝釈天、四天王、執金剛神が結集して、如意宝珠神呪《しんじゅ》の力で一切の災厄を遠離《おんり》させるのだという。

『日本霊異記《にほんりょういき》』にはこんな説話が収められている。

平城宮の聖武天皇のところに東の山から不思議な光が届いた。使いを遣わすと、ひとりの行者（優婆塞《うばそく》＝俗人）がいて、傍らには執金剛神の像が置かれていた。行者は「出家して仏法を学びたい」と言い、天皇は許した。行者の名は金鷲菩薩《こんすぼさつ》。これが良弁である。

「東大寺縁起」部分　東大寺蔵

東大寺に伝わる東大寺縁起には、山の中で良弁と執金剛神が仲よく過ごしている様子が描かれている。良弁は山の中で修行する行者で、執金剛神を信仰していた。やがて『華厳経』『金光明最勝王経』『不空羂索神変真言経』などの経典に出会い、聖武天皇とも出会って、大仏への道が開かれていく。

法華堂は創建時の東大寺の謎を解く鍵となる、重要な、そして魅力的なお堂である。


（２０２０年７月22日）

奈良国立博物館

奈良国立博物館は、125年前、明治28年（1895）に開館した。当時は、帝国奈良博物館といった。

ところで、もしも明治の初めに流行語大賞があれば、間違いなく「御一新《ごいっしん》」が選ばれたことだろう。御一新。あらゆるものを新しくする。これまでのものはもういらない。

明治の初めに日本の伝統文化が廃《すた》れ、それまで大切にされてきた「古器旧物《こききゅうぶつ》」（＝宝物＝文化財）が失われたのは、廃仏毀釈《はいぶつきしゃく》のためではなく、御一新の風潮のためだった。しかし、日本の伝統文化のかけがえのない価値に気づいていた人もいた。その代表が町田久成《まちだひさなり》である。

明治4年（1871）、明治政府は、町田久成の提言に基づき、「古器旧物保存方《ほぞんかた》」を布告した。歴史の証左《しょうさ》である古器旧物が、「旧を厭《いと》い、新を競う」風潮のなかで散逸し消失している。これを防ぐため、明治政府は、各地にある古器旧物の品目と所蔵者の

奈良国立博物館にて

名を記した台帳を提出させた。

そして翌年、約4か月をかけて、多くの古器旧物をもつ古社寺の調査をおこなった。この明治5年（1872）は初めての博覧会が湯島聖堂大成殿で開催された年でもある。統括した町田久成には大博物館の構想があったが、その実現は少し先になる。

さて、古器旧物の調査はその後も精力的に続けられた。その中心には、九鬼隆一、フェノロサ、岡倉天心がいた。

フェノロサはこんなふうに書いている。

美術品が、寺僧の無知や貧困により散逸しつつあり、調査と並行して、骨董《こっとう》商の略奪作戦が展開されている。

岡倉天心はこんなふうに書いている。

寺院は美術が何であるかを知らず、保存の必要性、保存方法を知らず、保存の資力もないので、このままにしておくと、数年で日本の名誉である東洋美術品は散失滅亡し、取り返しのつかない事態になる。（中略）宮内省が美術品を採集し、日本美術の全体像を国民に知らせ、研究の便宜を図るべきだ。

明治19年（1886）10月、フェノロサと岡倉天心は欧米の視察旅行に出発した。帝国博物館と美術学校の設置準備のためだった。

このような経緯があって、明治22年（1889）、東京のほか、奈良と京都にも、帝国博物館（宮内省所管）を創ることが定められた。

言うまでもなく、奈良には東大寺や興福寺や法隆寺をはじめとする古いお寺が多く、数えきれないほどの文化財を所有していたが、その頃は、幕府の保護を失って困窮していた。日本の文化財は、木や紙や絹など、脆弱《ぜいじゃく》な素材で作られているものが多いので、後世に伝えていくためには、必ず保存修理を施す必要がある。しかし、岡倉天心が書いているように、お寺で対応できる状況ではなかった。

明治30年（１８９７）、帝国奈良博物館が開館した2年後、「古社寺保存法」が制定された。社寺のすぐれた文化財を「国宝」に指定し、保存経費を国が補助する代わりに、社寺に対して文化財の管理、博物館への出品を義務付けた。

これにより、お寺のすぐれた文化財が、帝国奈良博物館に預けられるようになった。博物館はよい保存環境のもとでそれらを守り伝え、展示公開することでその素晴らしさを多くの人に知ってもらうとともに、必要な修理を博物館の経費でおこない、高額な寄託謝金をお寺に支払った。

法隆寺の高田良信《りょうしん》さんが、博物館ができて法隆寺はようやく一息ついたという意味のことを書いておられたが、明治における博物館の役割について、多くの人にもっと知っていただきたいと思う。

明治にお預かりして以来、ずっとそのまま今も博物館にあるものもあって、それを考えると、複雑な気持ちになったりもするが。

（２０２０年8月5日）

6年半

この連載は今回で11年目に入った。

書かなければ生まれ出ることさえなかったかもしれない思いを、こんなふうに書き続けさせてもらっていることに深く感謝している。

ところで、6年半にわたって続いてきた、NHK奈良放送局の「西山教授の仏教よもやま話」は、9月25日の放送をもって終了した。

6年半前、奈良国立博物館から帝塚山大学に移った時にこの企画がやって来た。私と女性アナウンサーが奈良のお寺をめぐる。東大寺や興福寺のような有名なお寺ではなく、あまり知られていない小さなお寺の魅力を伝えようというのが当初の趣旨だった。

最初の行先は璉珹寺《れんじょうじ》にした。「女人裸形《にょにんらぎょう》の阿弥陀」のお寺。

収録は、まず大学での授業風景から始まった。その4月に創設されたばかりの文化創造学科の新入生を対象とする授業。知らせていなかったので、学生たちはびっくり。

その様子は、しばらくオープニングの映像として使われていた。

初めは台本があったが、その内容に納得できなかった。同じお寺に行くにしても、誰と行くかによって、あるいは季節の違い、天候によって、その日の体調によってさえ、印象はすっかり変わる。常に一回きりの一期一会《いちごいちえ》の世界であるはずなのに、前もって机上で作られた台本に従って進行していくのはおかしいと思った。

やがて台本はなくなり、前もって打ち合わせもせず、ぶっつけでやることになった。初代のお相手は荒木美和さん。この企画自体が荒木さんの発案によるものだった。荒木さんは途中から着物姿になった。西大寺、笠置寺、法輪寺、矢田寺、秋篠寺、白毫寺など、荒木さんと過ごした楽しかった時間が思い出される。

初めのころは1日に2か寺の収録をしていた。午前ひとつ、午後ひとつ。しかし、私はその世界に深く入り込んでしまうので、昼食をはさんでも、午前中に行ったお寺の世界から抜け切ることができず、1日1か寺にしてもらった。

2年あまりが過ぎて、荒木さんが東京へ異動になり、新口絢子《にぐちあやこ》さんと交替した。新口さんは、荒木さんとはタイプが違い、お寺のことをほとんど知らなかったが、その新鮮さが魅力的だった。

新口さんは、自分の眼で見て、自分の心で感じて、自分の言葉で語ることができた。そのよさを最大限引き出すために、新口さんには予習をしてこないでとお願いした。予備知識があると眼が曇り、せっかくの素敵な感性が輝かなくなる恐れがある。

新口さんと行ったお寺のなかでは、高林寺《こうりんじ》、安産寺、薬師寺が特に印象に残り、寺跡めぐりも楽しかった。

新口さんが大阪へ去ると、源田愛莉那《げんだえりな》さんが登場した。源田さんとは半年だけだったが、私にとって大切な場所ばかりへ行ったので、濃密な忘れがたい時を過ごした。

カメラ、照明、音声の担当の方々にもお世話になった。カメラの岩崎さんの奥様は九品寺《くほんじ》での収録の2日後に、若くして亡くなられた。九品来迎《くほんらいごう》。人は上《じょう》の上《じょう》から下《げ》の下《げ》まで、人間性によって9ランクに分けられるが、どんな人でも極楽往生できる。岩崎さんは、葬儀の間、この話をずっと思い出してくれていたそうだ。

最終回の収録が終わった時に、岩崎さんが近づいてきて「いつかお礼を言いたかった」と言ってくれたので、深く心にしみた。

収録したものを90パーセント以上カットして放送するのだから、現場の楽しい雰囲気をそのままお伝えするのはかなり難しい。上の集合写真から、ぜひ想像していただきたい。視聴者の皆様、ありがとうございました。

（2020年10月7日）

石山寺と東大寺

大仏（盧舎那仏《るしゃなぶつ》）は太陽のように光り輝いて、すべての存在に等しく明かりと温もりをくれる仏さまである。だから、鍍金《ときん》（金メッキ）をしなければ完成しない。しかし、日本には金《きん》が乏しかった。

聖武天皇の要請を受けて、東大寺の良弁《ろうべん》が金峯山《きんぷせん》（大峰山）で祈ったところ、夢の中で、蔵王権現《ざおうごんげん》に「この山の金は56億7千万年後、弥勒如来《みろくにょらい》が出現した折に大地に敷くためのものなので、使うことはできない。近江国志賀郡の湖（琵琶湖）の南に山があり、そこが霊所なので、そこで祈りなさい」と教えられた。

さっそく行ってみると、ひとりの老翁《ろうおう》が岩の上で釣り糸を垂れていた。

そして「山の上に八葉蓮華《はちようれんげ》のような大きな岩があり、そこが観音菩薩の霊所である」と良弁に告げて、かき消すように見えなくなった。老翁は地主神の比良明神《ひらみょうじん》だった。

良弁はそこに草庵を建て、聖武天皇の「御本尊」（観音菩薩）を岩の上に安置して秘法を修したところ、陸奥国から金が掘り出された。

それを喜び、元号は天平から天平勝宝へと改元された。749年のことである。

修法《しゅほう》が終わったので、良弁が仏像を動かそうとすると、岩から離れなくなっていた。

そこで比良明神からこの地を請《こ》い受けて寺を建てることにした。それが石山寺である。以上の話は、あくまで伝承であって、もちろんそのまま史実というわけではない。ところで、正倉院に伝わる古文書（正倉院文書）には、石山寺に関するものが多く、造営の経緯を詳しく知ることができる。

石山寺の造営にあたったのは造石山寺所《ぞういしやまでらしょ》という国の役所で、東大寺を造営する造東大寺司の下部組織だった。

石山寺の造営は天平宝字5年（761）から始まるが、それ以前に仏堂や経蔵があったことが文書にみえる。寺域からは、奈良時代以前の瓦も出土しており、ここが古くからの聖地であったことがわかる。

仏堂と経蔵を良弁が建てた可能性は高いと思う。天平宝字年間の造営に良弁が関わっていたことは確認できる。

近江国（現在の滋賀県）には良弁が創建したと伝えられている寺が多い。良弁の活動拠点は近江国の山林にあり、聖武天皇が大仏を近江国の紫香楽《しがらき》（信楽）に造ろうとしたのも、良弁の勧めによるものと私は考えている。

石山寺の現在の本尊は、木造の如意輪《にょいりん》観音である。天平宝字年間に造られた当初の本尊は塑造《そぞう》の（土で造られた）観音菩薩で、やがて如意輪観音と呼ばれるようになった。聖武天皇の「御本尊」はその体内に納められたという。

当初の塑造の本尊は平安時代に壊れ、現在の本尊が造られた。体内に納められていた塑像の断片（足指の先、腕や衣の一部など）は、もとの本尊のものであろう。

如意輪観音は、通常、手が6本だが、石山寺の本尊は、手が2本で、左足を下げて坐《すわ》っている。

東大寺の大仏の向かって右にも、手が2本の如意輪観音が安置されている。現在の像（江戸時代）は違うが、奈良時代に造られた当初の像は、左足を下げて坐っていた。

石山寺と東大寺は、実は、とてもよく似ている。

石山寺の本堂は崖に張り出した懸造《かけづくり》（舞台造）の建物で、東大寺の二月堂に似ている。堂内の雰囲気も似ている。

石山寺の本尊は岩の上に安置されているが、二月堂の本尊（十一面観音）も岩の上に安置されていると考えられる。

観音菩薩は、山と岩（石）と水に関係が深い。魅力的な岩山は観音菩薩の聖地になっていることが多い。観音菩薩が住むという補陀落山《ふだらくせん》が岩山なので、補陀落山に見立てられたからであろう。

石山寺。目を奪われる珪灰石《けいかいせき》の奇岩。まさに石の山の寺である。

（2020年10月21日）

石山寺の本堂

志津加比売

今年の正倉院展は、新型コロナウィルス感染症拡大防止のため、初めての事前予約制のもと、入場者を大幅に減らして開催された。

光明皇后が献納したさまざまな薬、温かそうな羊の毛の敷物、美しい箱、かわいい脚が付いた小さな台、刺繍が施されたおしゃれな帯、玉で飾られた小さな刀、踊ったり楽器を奏《かな》でたり曲芸をする不思議な人々が描かれた弓、大きくて重そうな鏡、ここまでやるかというくらいに装飾された碁盤、鼻の高いお面、今はやりのオーバーサイズの大胆なデザインの服など、いつまでも見ていたくなる数々の宝物の前で、楽しい時を過ごした。

そういうなかで、一番興味深かったのは戸籍だった。

大宝2年（702）に作成された御野国《みののくに》味蜂間郡《あはちまぐん》春部《かすがべ》里《り》の戸籍。現存する最古の戸籍のひとつである。

戸籍は、6年に一度、50戸《こ》からなる里《り》ごとに作成し、都へ届ける。

御野国味蜂間郡春部里は、現在の岐阜県揖斐郡《いびぐん》揖斐川町と池田町の一部にあたり、この戸籍はそこから藤原京（現在の奈良県橿原市）まで運ばれてきた。

展示された戸籍に見入る。

戸籍には、構成メンバーの名前や続柄や年齢などが列記されているだけではあるのだけれど、見ていると次第に深みにはまっていく。

特に、国造《くにのみやつこ》族坂麻呂《のうからさかまろ》の家に心をひかれた。坂麻呂の家は26人家族である。

戸主の坂麻呂は29歳。まだ若い。「兵士」とあるので、地域の軍団に所属しており、家にはいない。あるいは衛士《えじ》として藤原京へ赴いているのかもしれない。

坂麻呂には弟が3人いる。23歳、20歳、19歳。そのうちひとりは兵士。ふたりも兵士になっている家は珍しい。

26人家族と言っても、現在のような家族構成ではなく、伯父（坂麻呂の亡父の兄）一家も加わっている。伯父の雲方《くもかた》は57歳。坂麻呂の父は早くに亡くなり、雲方は後見人のような立場なのだろうか。

坂麻呂の妻の若子売《わかこめ》は46歳。坂麻呂より17歳も年上だ。ふたりはどのようにして知り合ったのだろうか。

坂麻呂と若子売との間には4人の幼い女の子がいる。7歳、4歳、2歳、1歳。

しかし、娘がもうひとり。御成売《おなりめ》19歳。

えっ、19歳？　29歳の坂麻呂がいくつの時の……。

いや、そうではない。若子売は再婚で、御成売は前の夫との間に生まれた女の子だ。どういうご縁で坂麻呂と若子売が出会ったのか。ますます気になってくる。

伯父の雲方にも4人の娘がいる。24歳、19歳、18歳、13歳。『若草物語』のようだ。私のお気に入りは次女の志津加比売《しずかひめ》。名前がいい。

坂麻呂の弟たちとこの4人の娘は、いとこ。同世代の若い男女がたくさんいる（御成売もいる）ので、きっといくつもロマンスが生まれているような気配が感じられる。

それにしても、坂麻呂は、家に残してきた幼い4人の娘（こちらも『若草物語』だ）のことが気がかりだっただろうなあ。

雲方には息子も3人いる。26歳、13歳、2歳。

えっ、2歳？　雲方は57歳なんだけど。

ところで、正倉院に、どうしてこんな戸籍が納められているのだろうか。

奈良時代、公文書は一定の保存期間（戸籍は30年）が過ぎると、各役所に分配されて、裏面が事務書類の用紙として利用された。

坂麻呂の戸籍は、たまたま写経所にやってきて、のちに写経所の事務書類が正倉院に一時保管され、そのまま放置されたことで、偶然残ったものである。

6年後を含めて、このあとの戸籍は残っていない。幼い4人の女の子は無事に大きくなったのだろうか。志津加比売はこのあとどのような人生を送ったのだろうか。

（2020年11月11日）

仏像に会う

その日、私たちは、福井県小浜市で、観音菩薩に会う小さな旅をしていた。午後から訪れたあるお寺の観音さまは、防災のために、住み慣れた観音堂からコンクリートの収蔵庫へ移されていた。しかし、あまりいい環境ではなく、うしろにもたれかかって、放心したような表情で遠くへ視線をやりながら、「もういい……」とつぶやいているように感じられた。

その姿を真近に拝見して、私はどっと疲れた。

ここで旅を終わらせようかと思ったほどだったが、なんとか気を取り直して、次へ向かう。

加茂神社に着くと、長靴をはいた男性が迎えてくれた。地元の方々で神社をお守りしておられるようで、私たちのために、農作業の手を止めて来てくださっていたのだ。その方のあとに続き、山道を登っていくとお堂があり、その奥にコンクリートの収蔵庫があった。また収蔵庫かと不安がよぎる。

その方は、収蔵庫の鍵をあけて中に入り、厨子《ずし》の扉を静かにあけると、経本《きょうほん》も見ずに『般若心経』を唱え、それから私たちに「どうぞ」と勧めてくれた。

私は御礼を言って厨子に近づいた。そして、手を合わせてからそっと帳《とばり》をめくった。
その時、私は思わず振り向いて、みんなに言った。「喜んでおられます！」
がっしりした体格の千手《せんじゅ》観音像。腰をぐっと引き絞っているのが印象的だ。幅広めのお顔に温雅な微笑みを浮かべて、本当に喜んでおられるようだった。来てよかった。会えてよかった。元気が出た。

ところで、10月に念願の仏像の本を出した。『仏像に会う　53の仏像の写真と物語』という。

カメラの位置や高さがほんの少し違うだけで、写された仏像の印象はまったく変わってしまう。だから写真を厳選した。

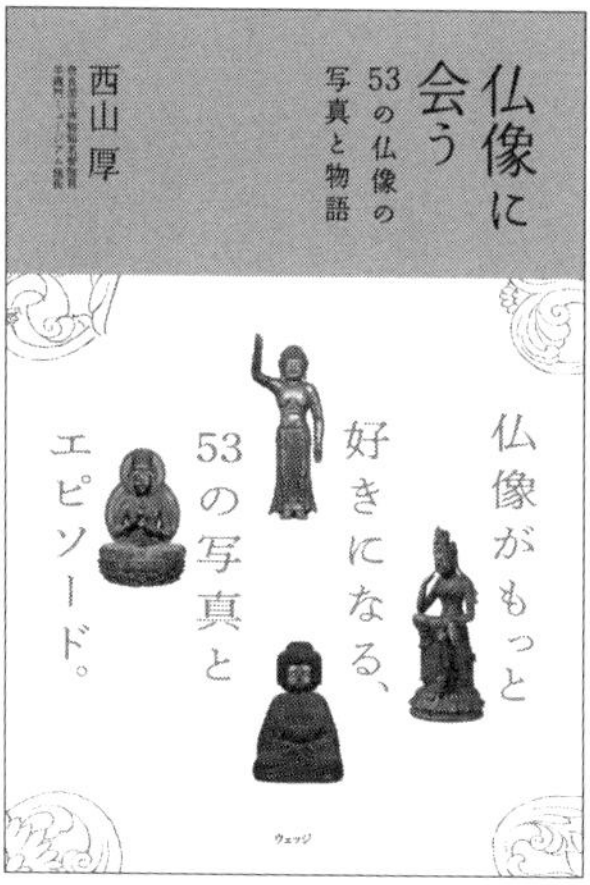

その仏像が生まれたのには必ず理由がある。歴史的背景や信仰的背景があり、造らせた人がいて、その人の思いがある。だから、それぞれの仏像には物語がある。

仏像大好きな、モデルの、はなさんから「西山さんの本を片手に、同じ時代を生きる奇跡の仏像たちに、会いに行きたくなりました。でも、これ以上、仏像が好きになってしまったらどうしましょう、西山さん？」

女優の紺野美沙子さんから「祈る人の心を汲んで、あったかい気持ちにさせてくれるのが仏像だと思うんです。ここに紹介されているのは、親しみやすく、寄り添いたくなる仏像ばかりです。この本で、優しい仏像にお会いして、心を重ねてみるとよいかもしれませんね」

こんな素敵な感想を寄せていただいた。

苦しみや悲しみを抱き、迷い悩み、心が弱っている人にとって、仏像は、大きなやすらぎや癒しを与えてくれる存在である。

この本の出版社の編集チームの方が「どうかこの本が、必要とされるすべての方の元へ届きますように」と書いてくれたが、まったく同感だ。

仏像だけの話ではないが、大切に守られてきたものしか現在に残っていないという厳然たる事実があるとともに、大切に守ろうとはしたけれど火災で失われてしまったものも無数にあるはずだ。

そんなふうに考えると、仏像は「見る」ものではなく、「会う」ものだと、つくづく思う。

53の仏像。53という数字にも意味がある。

『華厳経《けごんきょう》』に登場する善財童子《ぜんざいどうじ》という愛らしい少年は、文殊菩薩に出会って悟りを求める心をおこし、53人の先生に会う旅を始める。

私（私たち）は、悟りを求めているわけではないが、仏像に会いに行く旅は、善財童子の旅とどこか似ているような気がする。

（2020年11月25日）

3

心が宿るもの

お地蔵さま

お地蔵さま（地蔵菩薩）はもっとも身近な仏さまだ。

奈良時代には虚空蔵《こくうぞう》菩薩とセットで造られていた。虚空蔵菩薩は虚空、つまり天を蔵にしており、地蔵菩薩は大地を蔵にしている。そして平安時代には「抜苦与楽《ばっくよらく》」の仏として信仰されるようになる。苦を抜き、楽を与えてくれる仏さま。

やがて、地獄に堕《お》ちた衆生《しゅじょう》でも救ってくれるという信仰が強くなっていく。

私たちは、生前にどのようなおこないをしたかにより、6つの世界（地獄、餓鬼、畜生、修羅、人間、天）のどれかに生まれ変わるとされる。

前半の3つを「悪趣《あくしゅ》」というが、天も含めて、いずれも苦しみの世界（穢土《えど》）であることに変わりは

ない。もちろん、地獄が一番苦しい世界であるわけが、たとえ地獄に堕ちても地蔵菩薩は救いに来てくださるのだという。

鎌倉時代の『沙石集《しゃせきしゅう》』という本に、地蔵菩薩は「無仏《むぶつ》の導師として、悪趣の利益《りやく》を先とし給ふ事、諸《もろもろ》の賢聖《けんしょう》に勝《すぐ》れ給へり」と書かれている。

お釈迦さま（釈迦如来）が亡くなって、私たちの世界には仏（＝如来）がいなくなってしまった。阿弥陀如来は極楽浄土に、薬師如来は瑠璃光《るりこう》浄土に住んでおられ、私たちの世界（穢土）にはいない。私たちの世界に、次に仏（＝如来）が現れるのは、なんとなんと、56億7千万年後のことである。

その遠い未来に現れる仏は弥勒《みろく》如来であるのだが、それまでの長い日々は地蔵菩薩がみんなの面倒をみてくれることになっている。「無仏の導師」とは、そういう意味。

そして、地蔵菩薩は「悪趣の利益を先」とする。地蔵菩薩は、地蔵菩薩だけは、地獄や餓鬼や畜生の世界に堕ちた衆生から、まず救ってくれるのだという。

キリスト教の考え方では、「最後の審判」で地獄に堕ちると、それはもう永遠であって、救われることはない。

仏教世界では、地獄の住人も、やがて寿命が尽きて亡くなると、またどこかの世界に生まれ変わる。地獄にいる間は悪いことをする余裕はないだろうから、たぶん地獄以外の世界に生まれることができるのだろう。

しかも、地獄で苦しんでいる最中でさえ、地蔵菩薩が救いに来てくださるのだ。

なぜ地蔵菩薩は「悪趣の利益を先」にするのだろうか。悪趣に堕ちたのは自分のせいであって、自業自得なのに。

それが仏教だ、というしかない。仏教は、苦しんでいる人や悲しんでいる人にやさしい。仏教は正義をふりかざさないし、正論で相手を追い詰めることもしない。

6つの世界のどこにいても地蔵菩薩は救ってくれるという信仰から、6体の地蔵菩薩を並べることも始められた。これを六地蔵という。

笠を売りに町へ行ったおじいさん。なかなか売れずに帰る道すがら、6体のお地蔵さまが雪をかぶって立っておられた。気の毒に思ったおじいさんは、頭の雪を払い、売り物の笠をかぶせてあげる。それを聞いて、よいことをしましたねと喜ぶおばあさん。そうして年を越そうとするふたりの耳に、誰かがやって来る足音が……。

この「笠地蔵」のお話に登場するのが六地蔵である。

ところで、もしも地獄に堕ちた場合には、耳を澄ましていることをお勧めしたい。平安時代にまとめられた『今昔物語集《こんじゃくものがたりしゅう》』には、地獄から戻ることができた人々の話が収められている。地蔵菩薩は錫杖《しゃくじょう》という杖をついている。この錫杖の頭部には輪っかが付いていて、動かすと鳴る。地獄でこの音が聞こえたら、地蔵菩薩が近くにおられるのだから、すぐに会いに行けばよい。

だから、地獄では耳を澄ませていよう！


（2020年12月9日）

比蘇寺

今から1300年前、奈良時代初めの養老4年（720）に編纂された『日本書紀』には、こんな記述がある。

欽明《きんめい》天皇14年（553）5月、茅渟海《ちぬのうみ》（大阪湾の南部）から妙《たえ》なる音楽が聞こえてきて、そのあたりが太陽の光のように照り輝いた。

不思議に思った天皇が調べさせたところ、樟《くすのき》が海に浮かんで照り輝いていた。天皇はその樟で仏像を2体造らせた。それが吉野寺にある光を放つ樟の像だという。

吉野寺という名は、吉野にある寺という意味である。

「今の吉野寺に光を放ちます樟の像なり」とあるので、『日本書紀』が編纂された頃には、この仏像の存在が広く世に知られていたことがうかがえる。

吉野寺は比蘇寺《ひそでら》とも呼ばれ、仏像が光を放つことから現光寺《げんこうじ》ともいわれた。

『日本書紀』が作られてからおよそ100年後、平安時代初めにまとめられた『日本霊異記《りょういき》』にも同じ話がみえるが、欽明天皇の次、敏達《びだつ》天皇の御代《みよ》の話となっている。

それからさらに100年ほど経って編纂された『聖徳太子伝暦《でんりゃく》』には、まったく異なる記述がみられる。

世尊寺

聖徳太子が、淡路島の南岸に漂着した香木で観音菩薩の像を造らせ、吉野の比蘇寺に安置したところ、この仏像は時々、光を放ったという。

このように本によって内容に違いがあるが、いずれにせよ、奈良時代にも平安時代にも、光を放つ仏像が安置された比蘇寺は、とても名高いお寺だったことがわかる。のちに、清和上皇、宇多法皇、藤原道長も参詣している。

ところで、奈良県吉野郡大淀町比曽に、世尊寺《せそんじ》というお寺があるが、かつて比蘇寺があったのはここで、東西の塔跡などがよく残っている。

奈良時代前期、神叡《しんえい》という僧がいて、「釈門（仏門）の秀でたる者」と讃えられた。

この神叡は、吉野の現光寺（比蘇寺）で20年間学び、「自然智《じねんち》」を得たという。

神叡の弟子に尊応がおり、その弟子に勝悟がいて、さらにその弟子に護命《ごみょう》がいる。

護命は奈良の元興寺に住んでいたが、月の半分は元興寺で法相唯識《ほっそうゆいしき》の教えを学び、あとの半分は深山に入り、虚空蔵法《こくうぞうほう》を修していた。

護命はそれ以前にも吉野山で修行をしており、月の半分は、比蘇寺を居所にしていたものと思われる。ちなみに、神叡も比蘇寺で虚空蔵法を修している。

道璿《どうせん》という僧がいる。奈良時代に、戒律を伝えるため、鑑真に先立って唐からやって来た高僧で、華厳教学にも深く精通していた。天台宗を開いた最澄は、道璿の孫弟子にあたる。

道璿は大安寺に住んで日本仏教界の中心的存在になり、大仏開眼会《かいげんえ》の際にも重要な役割を果たしたが、やがて都を離れ、比蘇寺に退居した。

吉野という地が、比蘇寺という寺が、人々を引き付ける特別な場所であったことがうかがえる。

さて、現在の世尊寺は、江戸時代に伽藍が整備された曹洞宗のお寺である。

ご本尊の阿弥陀如来像は、『日本書紀』にみえる、樟で造られて光を放つ、あの仏像のイメージで造られており、古い像ではないが、微笑んでいる表情が印象に残る。

ご本尊の向かって左には十一面観音が立っておられ、聖徳太子が造らせた光を放つ観音像という伝承がある。実際にはもう少し時代は下がるが、体部にはどっしりとした存在感があり、奈良時代の木彫像と考えられる。頭部は鎌倉時代に補われたもの。

世尊寺の境内には聖徳太子を祀《まつ》る太子堂もあり、春には桜、秋には彼岸花が美しい。

比蘇寺の東塔は、豊臣秀吉が京都の伏見城へ移し、さらに徳川家康によって園城寺（三井寺／滋賀県大津市）に移されて、今もそこにある。

（2021年1月13日）

夢

よく夢を見る。夢は不思議だ。

鎌倉時代の明恵《みょうえ》上人《しょうにん》は、自分が見た夢を、生涯にわたって記録し続けた。

夢の内容はさまざまで、宗教的なものも世俗的なものもあった。明恵は、時には絵も交えながら、どのような夢であっても、分け隔てなく詳細に記録し、その夢の解釈や感想も書き加えた。

明恵が見た夢のなかで、もっとも魅力的なものに、天（兜率天《とそつてん》）に上る夢がある。

一心不乱に修行をしているうち、明恵は「在るが如く、亡きが如し」という状態になった。虚空には瑠璃《るり》の杖を持つ普賢菩薩《ふげんぼさつ》・文殊菩薩・観音菩薩がいて、明恵が杖の端をつかむと引き上げられて、たちまち兜率天に到った。杖の先の宝珠《ほうじゅ》から流れ出た水を、明恵は全身に浴び、体が明鏡のように、水晶の珠《たま》のようになった。その時、声がした。「諸仏、悉く中に入る。汝《なんじ》今、清浄《しょうじょう》を得たり」

臨終の前にも明恵は次々に夢を見た。たとえば、自分がなんと五色の糸になり、すべての人々、そして世界を纏《まと》い取る夢。明恵は「覚時（目が覚めている時）に好楽《このむ》ところを夢中（夢の中）にして試《ためす》也」と書いたことがあった。夢は、明恵の心の奥底を鮮やかに照らし出してくれる。

平安時代の円仁も、よく夢を見る人だった。円仁は比叡山にいた天台宗の僧で、修学のため中国へ渡り、天台山へ行こうとするが、なぜか許可が下りなかった。悩み抜いた末、円仁は目的地を変更し、聖地五台山と長安へ向かう。

円仁は、840年から845年にかけて長安に滞在したが、ちょうどその時期に、仏教の大弾圧「会昌の廃仏《かいしょうのはいぶつ》」が始まった。

寺は壊され、経典は焼かれ、僧や尼は殺された。円仁は還俗《げんぞく》して（僧をやめて俗人に戻る）難を逃れようとするが、悲嘆にくれる。この時、夢を見た。師の最澄の夢だった。

最澄は言った。私が常に汝を守護する。憂い畏《おそ》れることなかれ。

円仁が畏れていたのは、自分の身命のことではなく、五台山と長安で学んだ教え、書き写した経典、仏画などを、日本に持ち帰れないのではないかということだった。この時、また夢を見た。

達磨《だるま》大師、宝誌《ほうし》和尚、南岳慧思《えし》、天台大師智顗《ちぎ》、六祖慧能《えのう》、聖徳太子、行基菩薩、そして師の最澄がやって来て、円仁を取り囲み、言った。我らが汝を擁護し、日本へ帰れるようにする。

すごいメンバー！　やがて無事に帰国できた円仁は、天台宗を変え、日本の仏教を変え、日本を変えていく。

私にも、忘れられない夢がある。

釈迦如来像

父が亡くなってすぐ、父の夢を見た。父と山を歩いていた。私はまだ小さな子どもだった。父が先を歩いていた。いつもと違って、父は一度も振り返らなかった。尾根に出ると視界が開け、遠くに湖が見えた。ススキの穂が揺れていた。日が暮れると、あたりは急に暗くなった。怖くなった私は「帰ろうよ」と父に声をかけた。しかし父は返事をせず、振り返ることもなく、足早に歩き続け、視界から消えた。暗がりの向こうに、さっきの湖がかすかに見えた。私はさみしくなって、悲しくなって、たまらなくなって、目を覚ました。そして「あの向こうが死の世界だったのだろうか」と思った。

一番うれしかったのは、夢の中で、お釈迦さまに手を振ってもらったことだ。

奈良国立博物館の展示室にいた。向こうで誰かが私に手を振っている。近づくと、お釈迦さまだった。東大寺からお預かりしていた重要文化財の釈迦如来像＝写真。明恵上人が開眼《かいげん》した（魂を入れた）仏像である。夢の中だったからか、それほど驚きはしなかったが、目が覚めてからも、ずっと幸せな気分が続いた。

（２０２１年１月27日）

あるべきやうわ

鎌倉時代、寛喜3年（1231）に大飢饉が発生した。至る所に餓死者の亡骸《なきがら》がころがり、盗賊が横行《おうこう》した。当時の鎌倉幕府のリーダーは、北条泰時《ほうじょうやすとき》だった。泰時は、畳・衣装・烏帽子《えぼし》などの新調を避け、夜は燈火を用いず、昼食を抜き、酒宴や遊覧をとりやめ、武士たちにも贅沢《ぜいたく》を禁じた。歌人藤原定家が、泰時について、これでは「病にあらずといえども、存命し難し」と日記に書いたほどだった。

泰時は、京都で明恵上人《みょうえしょうにん》に会い、大きな影響を受けた。

ある時、泰時が天下を治める方法を尋ねると、明恵は「国の乱れる原因は欲心にある。まずあなたが欲心を捨てれば、天下の人もその徳に誘われるでしょう」と答えた。

明恵は浄土宗を開いた法然《ほうねん》上人の考えを批判した。

法然は念仏だけが浄土へ行く方法だと説いたが、それは今が末法《まっぽう》であるからだった。お釈迦さまが亡くなると、そのあと世の中は、時間の経過とともに、正法《しょうぼう》→像法《ぞうほう》→末法と、次第に悪くなっていく。そして末法の時代になると、仏の教えはまだ残っているが、それに従って修行する者はなく、悟りを開くことはできない。念仏を称《とな》え、阿弥陀仏に浄土へ導いてもらうしかない。

明恵は反論した。世の中が悪くなるのは、時間の経過によるのではない。人が悪くしているのだ。

「法を持《たも》つ人の処あらば、すなわち仏法の住処なり。明らかに知る。興廃は持者の邪正によるなり」

正しい仏法を守っている人がいれば、そこは正しい仏法が存在する場所だ。仏法が興隆するのも、衰退するのも、すべては人による。

「然《しか》れば、法に正像なし。人に随《したがひ》て隠顕《いんけん》あり」

すべては、人のおこないにかかっている。時間の経過は関係ない。

「真実の法を説く師の辺《あたり》に在るは、実に仏の在世に異ならずと云々《うんぬん》」

真実の仏法を説く師の近くにいれば、お釈迦さまがおられた時となんの違いもない。

「人は、阿留辺幾夜宇和《あるべきやうわ》と云ふ七文字を持《たも》つべきなり。僧は僧のあるべき様《やう》、俗は俗のあるべき様なり。乃至《ないし》、帝王は帝王のあるべき様、臣下は臣下のあるべき様なり。このあるべき様を背くゆえに、一切悪きなり」

人には人のあるべきよう、なすべきことがある。それに背くから、世は悪くなる。

「我は、後世たすからんと云《い》ふ者に非ず。ただ現世に、先づあるべきやうにてあらんと云ふ者なり」

後世の救いよりも、現世であるべきようを実践したい。

高山寺には、明恵が作成した「阿留辺幾夜宇和」と題する額が残っている＝写真。

それは午後6時から始まる日課で、学問と修行と坐禅、食事と睡眠をはさみ、師に疑問点を問い、夕暮れに一日が終わる。これを繰り返す。

「当今は末代にして、修禅入定《にゅうじょう》の時分にあらず。たとえ修行するといえども、証入を期しがたし。これを修するになんの益あらんや。この問い甚だ放逸《ほういつ》たり。修行せずんば、また証入すべけんや」

今は末代で、修行をしても悟りを開ける時代ではない。だから修行をしても無意味ではないかという問いに対し、明恵は、では修行しなければ悟れるのかと問い返す。

「努めよ努めよ。励むべし励むべし。たとえ得ざるといえども、一生を暗くして修行すれば、必ず修さざるにすぐれたり」

努力しよう。たとえ悟りを開けなくても、修行して悟れないのは、修行しないで悟れないよりもすぐれている。

努力すれば報われる。現実はそう甘くはない。では報われるまで努力しよう。しかしついに報われることはない。それでも構わない。努力しないで報われないよりも、努力して報われないほうを選ぶ。それが明恵の考え方。これこそが僧のあるべきようだ。

（2021年2月10日）

命なりけり

今からおよそ2500年前の2月15日の夜、お釈迦さまはインドのクシナガラで亡くなった。見上げれば、天には満月が美しく輝いていた。

それから1500年ほどが過ぎて、平安時代の終わりに西行《さいぎょう》はこんな歌を詠んだ。


願はくは花の下にて春死なんその如月《きさらぎ》の望月《もちづき》のころ

如月の望月とは2月15日の満月のこと。お釈迦さまが亡くなった日に死にたい。

西行は文治6年（1190）2月16日に亡くなった。この年の2月は、16日が満月だったそうで、この上ない最高の亡くなり方だった。

旧暦の2月は現在の3月。春である。西行の願い通り、花（＝桜）も咲いて、亡くなったお釈迦さまに沙羅双樹《さらそうじゅ》の花が降り注いだように、桜の花びらが舞い散っていた。

文治2年（1186）、69歳の西行は、およそ40年ぶりに陸奥《みちのく》へ向かった。途中の遠江《とおとうみ》国、現在の静岡県掛川市に、街道の難所があった。小夜《さや》の中山である。40年ぶりに小夜の中山に至った西行は感慨ひとしおだった。かつてここに来たのは20代の後半。あれから40年が過ぎたのか……。そして、西行は歌を詠んだ。


年たけてまた越ゆべしと思ひきや命なりけりさやの中山

西行は、約２３００首の歌を残しているが、私が一番好きなのはこれだ。

こんなに年をとってから、またここを越えることになるとは、夢にも思わなかった。命なりけり。小夜の中山よ。

命なりけり、とはどういう意味だろうか。命があってのことであると現代語訳されているが、いい訳とは思えない。文法的にはそれで正しいのだろうが。

私ならこう訳したい。命とは、不思議なものだ。ああ、小夜の中山よ。

その4年後、西行は如月の望月のころに亡くなった。ところで、今年の2月15日の夜、私は40年ぶりにクシナガラにいるはずだった。奈良交通のツアー。私が引率してインドの仏跡を巡る。そして2月15日にクシナガラに至る。40年ぶりのクシナガラ。きっと、西行のことも思い出しながら、ツアーの参加者に、しみじみと、お釈迦さまが亡くなる時の話をしたことだろう。

しかし、新型コロナウィルス感染症の流行で、この企画は中止（延期？）になった。

40年前の2月、私は薬師寺管主《かんす》の高田好胤《こういん》さんと、18日をかけてインドの仏跡を巡拝した。

鎌倉時代の高僧である明恵上人《みょうえしょうにん》は、お釈迦さまを慕い、お釈迦さまの国であるインドへ行こうと準備を始めるが、春日明神《かすがみょうじん》（春日大社の神様）の託宣によって、インド行きを断念する。明恵上人の代わりにというとおこがましいが、明恵上人の肖像画のコピーを胸に、インドの仏跡巡拝に出かけた。

誕生した場所（ルンビニ）、悟りを開いた場所（ブッダガヤ）、初めて説法をした場所（サールナート）、そして亡くなった場所（クシナガラ）。

好胤さんは、それぞれの場所で丁重な法要をおこない、その場所におけるお釈迦さまのことを話してくれた。そして最後に「南無釈迦牟尼仏（ナームシャカムニブー）」と何度も繰り返すのだが、好胤さんはいつも涙を流しておられた。

クシナガラの大きな涅槃像《ねはん》（横たわる亡くなったお釈迦さまの像）が忘れられない。

あれから、40年が過ぎた。好胤さんはすでにこの世におらず、空港まで見送りに来てくれた私の父母も亡くなった。

40年ぶりのクシナガラで、「命なりけり」とつぶやいている自分の姿を想像できる。

写真は、中国重慶市大足《だいそく》の涅槃像。涅槃像に出会うと、さまざまなことを思い出す。

（2021年3月3日）

聖徳太子

今年は聖徳太子の１４００年の御遠忌《ごおんき》にあたっている。

聖徳太子は、６２２年２月22日に亡くなった。当時はまだ元号がなく、この年は推古天皇30年である。

亡くなった時の詳細を知ろうと『日本書紀』を開くと、「(推古）二十九年の春二月の己丑の朔《ついたち》癸巳（五日)」に、斑鳩宮《いかるがのみや》で亡くなったとある。

これだと６２１年２月５日になる。あれ？　違う。

法隆寺の金堂の釈迦三尊像は、聖徳太子の冥福を祈って造られた。

その光背の銘文によれば、聖徳太子は法興32年２月22日に亡くなった。

法興？「当時はまだ元号はなく」と書いたばかりだが、聖徳太子の周辺では「法興」という元号のようなものが使われていたらしく、法興32年は６２２年にあたる。

聖徳太子の冥福を祈り、妃の橘大郎女《たちばなのおおいらつめ》が制作した「天寿国繍帳」にも「(辛巳〈６２１年〉の）明年二月廿二日」に亡くなったとあり、６２２年２月22日に亡くなったというのが定説になってはいるが、意外にややこしい。

『日本書紀』の記述も、信頼するに値すると思われた何かの資料（伝承）に基づいて書かれたはずなので、法隆寺及びその周辺の記録とは異なる内容の資料も存在していたことがうかがえる。

さて、では、聖徳太子は、どこで亡くなったのか。

『日本書紀』には、斑鳩宮と書かれている。

奈良時代に、聖徳太子を追慕して、法隆寺に夢殿が建てられた。この地は、聖徳太子が住んだ斑鳩宮の跡地と伝えられており、発掘調査でその時代の掘立柱《ほったて》の建物が見つかったことで、ここが斑鳩宮跡だと確認された。

聖徳太子を追慕するお堂を斑鳩宮跡に建てたのだから、聖徳太子はきっとそこで亡くなったのだろう。

しかし、それだけでは決められない。『日本書紀』が典拠にしている資料以外にも資料があるからだ。

奈良時代に作られた「大安寺資財帳」には、聖徳太子は飽浪葦墻宮《あくなみあしがきのみや》で病んだとある。田村皇子は、飽浪葦墻宮で聖徳太子の遺言を聞くことになるので、そこで亡くなったということになるだろう。

鎌倉時代に書かれた『聖徳太子伝私記』などの法隆寺の記録にも、聖徳太子は飽浪葦墻宮（葦墻宮／葦垣宮）で亡くなったとみえている。

また話がややこしくなってきたが、その飽浪葦墻宮はどこにあったのかというと、斑鳩町の成福寺《じょうふくじ》跡と安堵町の飽波《あくなみ》神社が候補地になっている。

ちなみに、中宮寺（もとは現在地から東へ約500メートル）は、葦墻宮と岡本宮（法起寺あたり）と斑鳩宮（夢殿あたり）の「中」にあるので、その名が付いたという。

斑鳩町の成福寺のすぐ北にある上宮《かみや》遺跡からは、発掘調査により、奈良時代に称徳天皇が行幸した飽浪宮跡と思われる遺構が見つかっている。

現在、成福寺は廃寺となり（宗教法人としては存続）、フェンスで囲まれた状態になっていて、境内には入れない。

最近、成福寺の聖徳太子像の像内に菩薩半跏《ぼさつはんか》像が納められていることが奈良国立博物館のCTスキャン調査でわかった。何かが語り出されようとしているのだろうか。

安堵町の飽浪神社は、もとは広峰《ひろみね》神社の地にあった。その広峰神社に行ってみると、あまり手入れがなされていないように見受けられた。かつて、安堵村の人々の幸せを願い、「邑内安全」と刻んで奉納された燈籠にも上部がなく、悲しい気分になった。

広峰神社から南へ10分ほど歩くと飽浪神社がある。鳥居の扁額の文字は、安堵町出身の陶芸家、富本憲吉さんが書いたもの。神社になる前にここに何かがあったような、そんな気配を感じながら境内を歩いていると、思いがけず聖徳太子に出会った！「憲法十七条」を手にしておられた。

（2021年3月17日）

飽浪神社で聖徳太子に会う

文化創造

3月23日、帝塚山大学文学部文化創造学科の最後の卒業式がおこなわれた。

7年前、私は30年あまりを過ごした奈良国立博物館から帝塚山大学に移った。

この年、帝塚山大学は創立50周年を記念して、文化創造学科という新しい学科を立ち上げた。

その1年半ほど前、帝塚山大学に新しい学科ができるので来てもらえないか、という依頼の電話があった。新しい学科の名前は「日本創生デザイン学科」だという。日本をもう一度、新しくデザインし直すことをめざす学科。

私は、坂本龍馬が姉に宛てた手紙を思い出した。

日本《ニッポン》を、今一度、せんたく（洗濯）いたし申候

「行きます」と即答したら、「お返事は今でなくても結構です」とあわてた様子だったので、少しおかしかった。ところが、それから1年ほどして、手続きのため大学へ行ってみると、学科の名前が「文化創造学科」に変わっていた。文部科学省から、意味がわかりにくいという指摘を受けたのだそうだ。

帝塚山大学の文学部には、すでに「日本文化学科」という学科があったので、ふたつの学科の違いがわかりにくいと、そのあと大学の内外から言われ続けることになった。そのためか、学生が思ったようには集まらず、文化創造学科は4年後には学生の募集をやめ、入学した学生がすべて卒業した時点で廃止されることになった。

今年の3月23日は、文化創造学科の最後の日だった。

7年間を振り返ると、「文化創造とは何か」を考え続けた日々だったように思う。

ところで、今年の卒業生が「文化創造とは何か？」という卒業論文を提出した。

彼女は、まずこんなふうに書き出している。

本研究の目的は文化創造学科が扱ってきた「文化創造」とは何だったのかを明らかにする事である。就職活動をしている際、「どのような文化を創造したんですか？」と質問された事があった。その時に思ったのは「文化を創造したわけではないな」という事だった。学科名はどのようにも捉えられるが、この学科がおこなってきたのは「自分たちが文化を創造する事」ではないというのが私の実感である。

そして彼女は「文化創造」を次の3つに分類している。

① 現状の問題を解決し、発展させるための「文化創造」

② 文化がどのように創造されてきたか、これまで知られていなかったことを発見する「文化創造」

③ 文化を次の世代に伝えるための「文化創造」

つまり、いずれにしても、「文化創造」とは、ゼロから何かを生み出すことではなく、

つながっていないものをつなげることで新しい価値を発見するような、そういう行為だと結論づけている。

私はスティーブ・ジョブズの言葉を思い出した。

創造とは結びつけること。

無から有を作り出すことではなく、すでにあるものをガラリと改善したり、思いがけない形で組み合わせたりする。

なるほど。腑に落ちた。いい卒業論文だと思った。

この7年間で、もっとも忘れがたいのは、最初に退学した女の子だ。今はどうしてるのかな、元気かな……。

大学祭の花火に、とても感動していた男子学生も強く印象に残っている。

卒業式のあと、学科の中心になっていた先生に手渡された花束には、メッセージが書かれたカードが付いていた。

これからも私達なりに
「文化創造」して参ります。
文化創造、永遠に。

素敵なメッセージだ。この言葉だけで、7年間という短い期間ではあったけれども、文化創造学科が存在した意義が、本当に確かにあったんだと思うことができた。

（2021年4月7日）

正法眼蔵随聞記

今年の2月から3月にかけて、NHKの夜のドラマ「ここは今から倫理です」をみていた。「倫理」の授業を担当する高柳先生と、その授業を選択したそれぞれに悩みを抱える11人の高校生の物語。

「倫理は学ばずとも困ることはない。しかし、生きていくために大切なことは、すべて倫理に詰まっている」

私が高校生の頃は「倫理・社会」という教科名で、縮めて「倫社」と呼ばれて、2年の必修教科になっていた

ある日、担当する奥山隆夫先生が「遠い国へひとりで行く時に一冊だけ本を持っていくとしたら、それは『正法眼蔵随聞記《しょうぼうげんぞうずいもんき》』だ」と言われた。

鎌倉時代、道元禅師《どうげんぜんじ》が折に触れて説いた言葉を、弟子の懐奘《えじょう》が克明に書き留めたもので、道元禅師に近づくための最良の書物である。

奥山先生の言葉が印象深かったので、大学に入ると、角川文庫の『正法眼蔵随聞記』を購入した。その本は、原文のあとに、古田紹欽《しょうきん》さんの現代語訳が付けられていた。

赤鉛筆で各所に傍線を引いたその本を、今も大切に持っている＝写真（次頁）。

道元は「学道の人（＝僧）」は貧しくなければならない
と繰り返す。

「学道の人は、もっとも貧なるべし」

「学道の人は、まず須《すべか》らく貧なるべし。財おほければ、必ずその志を失ふ」

貧しくなければならない。貧しいことに価値がある。21世紀の日本には、たぶんもうそんな考え方はないだろう。

そして道元は「切《せっ》なる志」を重要視する。

「（得道《とくどう》できるか否かは）志の至ると至らざるとなり」

能力にはよらない。切なる志があるかどうかで決まる。

ではどうすれば、切なる志をおこすことができるのか。

「志をおこす事は、切に世間の無常を思ふべきなり」

「ただ今ばかり、わが命は存するなり」

「いま学道の人、須らく寸陰《すんいん》（わずかな時間）を惜しむべし。露命《ろめい》、消えやすし」

時間がない。命は短い。生きているのは今だけだ。そのことを骨身にしみるまでに実感できれば、必ず切なる志が生まれる。

「切に思ふことは必ずとぐるなり」

切に思うことは必ず実現する。これが私の座右の銘となった。

ところで、若き日の道元は大きな疑問を抱《いだ》いていた。人には生まれつき仏性《ぶっしょう》（仏になれる本性）があると言われるが、それならなぜ修行する必要があるのか。そしてこういう結論にたどりつく。

「この法は、人々《にんにん》の分上《ぶんじょう》にゆたかにそなはれりといへども、いまだ修せざるにはあらはれず、証せざるには得ることなし」（『弁道話《べんどうわ》』）

修行しなければ現れない。それなら存在しないも同じこと。だから「修証一如《しゅうしょういちにょ》」で、修行こそ悟りである。悟りを求めて修行するのではない。「只管打坐《しかんたざ》」、ひたすら坐《すわ》ればいい。何も難しくはない。切なる志があるかどうかだ。

学生時代、こういう道元の思想に大いに共鳴した。今から思えば、その時期に、母校に奥山先生を訪ねて、道元について語り合えばよかった。

ところが、現実には、道元の思想を実践していくには悩ましい問題があるらしい。ただひたすら坐ればいいのだからと、みんなそれぞれが思い思いに坐るだけになってしまい、悟り（「身心脱落《しんじんだつらく》」）を予測しない坐禅になってしまっていると、宗門の現状を憂う禅僧がおられた。

昨年の夏に、93歳で亡くなられた板橋興宗《こうしゅう》さんである。先日、板橋老師の遺稿集『閑々堂《かんかんどう》』をいただき、拝読して、ほとばしる熱い思いと温もりに深く心を打たれた。

（2021年4月28日）

法隆寺展

奈良国立博物館で開催されている特別展「聖徳太子と法隆寺」が素晴らしい。

会場に入って、いくつかの小さな金銅仏《こんどうぶつ》を見ただけで、法隆寺だけがもつ奥深い世界に感じ入った。

最初の展示室の隅に、聖徳太子の棺《ひつぎ》（と推定されるもの）の断片があった。断片と言っても、横幅は1メートル近くある。45枚の絹を漆で貼り重ねて作った特別な棺。叡福寺（大阪府南河内郡太子町）にある聖徳太子のお墓の棺台に置かれていた可能性が高い。これを見て、私はたちまち聖徳太子の世界に入り込んだが、ほとんどの人はさっさと通り過ぎていく。

次の展示室へ進むと、延久元年（1069）に描かれた聖徳太子の大きな絵伝がずらりと並んでいた。

夢殿を中心とする法隆寺の東院伽藍は、聖徳太子が住んだ斑鳩宮《いかるがのみや》の跡地にあり、奈良時代に、聖徳太子をしのび、行信《ぎょうしん》によって創建された。

この絵伝は、東院伽藍の絵殿《えでん》の内側の障子絵《しょうじえ》として制作されたもので、現在は取り外して屏風に改装されている。

展覧会図録には「現存する聖徳太子絵伝の中で最古にして最大規模、かつ最高傑作といえる」と力説されている。10面が奈良でずらっと並ぶのは、明治時代に法隆寺を出て以来、初めてのことらしい。大きなケースがかなりいっぱいになっている。

さらに進むと、行信の肖像があった。思い切ってと言いたくなるほど高く展示されており、これまでに見たことがないほど迫力がある。

東院伽藍を創り上げ、のちに厭魅《えんみ》（呪い殺す）の罪で左遷された行信。フツーの人じゃないことがよくわかる。とてもいい展示だと思った。

さて、法隆寺でもっとも大切にされているのは、聖霊院《しょうりょういん》の聖徳太子像だと思う。僧侶が住む僧房のうち、東室《ひがしむろ》の南端の3房をお堂に改めたのが聖霊院で、保安2年（1121）＝500年御遠忌《ごおんき》に造られた聖徳太子像が、秘仏本尊として祀《まつ》られている。

特別展「聖徳太子と法隆寺」図録

X線で撮影すると、像の中に、銅造の観音菩薩像が安置されていることがわかった。『勝鬘経《しょうまんぎょう》』を講讃している場面なので、聖徳太子は口を少しあけているが、観音菩薩のお顔が聖徳太子の口の位置にあるので、観音菩薩が語っていることになり、聖徳太子を観音菩薩の化身とみていることがよくわかる。

特別展の後半は東新館へ。そこには、西院《さいいん》伽藍の金堂《こんどう》が再現されていた。

中央に薬師如来像。左右に多聞天像と広目天像。玉虫厨子もあり、それらを壁画の模写が取り囲んでいる。

法隆寺は、用明天皇（聖徳太子の父君）が病の平癒を祈って建てようとしたお寺で、本尊は薬師如来だった。

しかし、天皇はまもなく崩御。お寺は聖徳太子によって完成したが、670年に焼けてしまう。そのあと場所を変えて再建されたのが、現在の法隆寺である。

本尊の薬師如来像も焼けてしまい、再建時に、もう一度同じように造り直したのが、現在の薬師如来像と考えられている。

高い台座から降ろして人の目の高さに置かれているが、ここではその低さが成功している。ある人が「とんでもなくかわいらしい」と書いていたが、ホントにその通りだ。こんなにかわいくてやさしい像とは知らなかった。

特別展の担当者に「非礼ではなかったでしょうか」と聞かれたので、「だいじょうぶ。ご本人も喜んでおられます」と答えた。

東新館には、立ち去りがたい素敵な空間が創り出されており、私は閉館時間まで、ゆっくり時を過ごした。

聖徳太子の1400年の御遠忌を記念する特別展。これほどまでにレベルの高い展覧会には、生きているうちにはもうお目にかかれないだろうと思った。

（2021年5月12日）

知識寺

天平勝宝元年（749）は、重要な出来事が相次いだ。正月14日、聖武天皇は出家して僧になった。僧としての名は勝満《しょうまん》という。戒師（出家を望む者に戒を授ける師僧）は行基だった。

それから間もない2月2日、行基は大仏（盧舎那仏《るしゃなぶつ》）の完成を見ることなく亡くなった。亡くなった行基の供養堂かと思われる円形の建物の跡が見つかったという最近のニュースには心ときめいた。

4月1日、聖武天皇は東大寺に行き、まだ造りかけの大仏に向かって「三宝《さんぼう》の奴《やっこ》」と自称した。出家した聖武天皇は、みずからを〈仏の下僕《げぼく》〉と考えていたのだ。閏《うるう》5月20日、聖武天皇は「太上天皇《だいじょうてんのう》沙弥《しゃみ》勝満」と名乗り、数多くの経典のなかで『華厳経《けごんきょう》』を本《もと》（中心）にすると宣言した。

太上天皇とは、退位した天皇のこと。出家の身で政治に関わってはならないと聖武天皇は考えたようで、薬師寺宮に遷り、娘の阿倍内親王（孝謙天皇）に譲位した。

即位した孝謙天皇の最初の宣命《せんみょう》（天皇の命《めい》を勅使が代わって宣《の》べる）は、7月2日のことだった。

ただし、現実には、聖武太上天皇は、その後も政治の世界を離れてはいない。

11月14日、豊前国《ぶぜんのくに》宇佐（大分県宇佐市）の八幡神《はちまんしん》が、奈良の都へ向かうと託宣した。さっそく八幡神を迎える使が派遣されて、路次の国々の兵士が神様の前後を守り、都までの道は掃き清められた。

12月18日に八幡神が都に入ると、新しい社殿が用意されて、30人の僧が7日間、悔過《けか》（過ちを悔い改める法要）をおこなった、
12月27日、八幡神の禰宜尼《ねぎに》である大神社女《おおみわのもりめ》が紫色の輿《こし》に乗り、東大寺に参詣した。聖武太上天皇、光明皇太后、孝謙天皇をはじめ、多数の人々も東大寺に集結した。そして、五千人もの僧が大仏を拝して読経した。

この時点で、大仏の鋳造はすでに完了していた。終わったのは10月24日だった。八幡神に対して、橘諸兄《たちばなのもろえ》が、聖武太上天皇の詔を伝えた。

「去る辰年に、河内国の知識寺《ちしきじ》で盧舎那仏を拝み、自分もお造りしようと思いつつも、できずにいたところ、八幡神が『天神地祇《てんじんちぎ》を率いて必ず成し遂げる』と言ってくださり、こうした出来上がったのは、喜ばしく尊いことだ」

去る辰年とは、天平12年（740）のこと。聖武天皇は、その年の2月に難波宮《なにわのみや》へ行幸したが、その道すがら、知識寺（智識寺）を訪れた。

知識とは、仏教の信仰のもと、民間でさまざまに活動する人々のことで、知識がつくったものも知識と呼ばれた。

知識寺東塔の心礎

知識寺は、知識たちが力を合わせてつくった寺であり、同じように力を合わせて造った盧舎那仏が安置されていた。

この時、大仏（盧舎那仏）を造ろうと決意したとは、大きな力やたくさんの富によるのではなく、知識の力、小さな力をたくさん集めて造る、というやり方があることに気づいたという意味だと思う。

孝謙天皇も知識寺に何度も行幸しており、大切な寺であったことがわかる。

しかし、知識寺はもうない。そのあたりは葡萄畑とワイナリーと住宅街になっている。

ただし、東塔の心礎《しんそ》（心柱《しんばしら》を支える石）が、近くの石《いわ》神社に移されて残っている。

平安時代には「和太、河二、近三」という言葉があった。大和太郎、河内次郎、近江三郎。大きな仏像ベスト3を、親しみと敬意を込めてそう呼んだ。

大和太郎は東大寺の大仏。河内次郎は知識寺の観音菩薩像で、土で造られた巨像だったが、応徳3年（1086）に粉々に砕けてしまった。

その後、知識寺は、歴史の舞台から消えていった。

（2021年5月26日）

町田久成

東京国立博物館に初代館長の町田久成《まちだひさなり》の胸像がある。

町田久成は薩摩藩の出身。町田家は藩主の島津家と親戚筋にあたる名家で、優秀な久成は26歳で大目付《おおめつけ》の重職についた。

2年後、薩摩藩は藩の未来を担う若者たちをロンドンへ派遣した。鎖国中なので、幕府に配慮し、全員が脱藩したことにして、変名を使った。久成は総勢19名のリーダー的な存在だった。

一行のなかには、そのまま帰国せず、アメリカへ渡ってワイン王になった人もいる。

久成は大英博物館に感動し、パリで開催されていた万国博覧会にも行ってみた。

久成が帰国してまもなく、幕府が大政を奉還し、時代は大きく変わっていく。

久成は新政府の参与になり、経験を生かして、外務省で働いた。

明治2年（1869）、イギリスの第2王子が来日し、久成はその接待を担当することになった。仕事は大成功したが、そのことが攘夷の思いを今なお心に秘めた人々の反感を買い、「接遇ノ礼、厚キニ失スル」と謹慎を命じられた。そして久成は大学（の

町田久成胸像

ちの文部省）へ異動させられた。

新しい職場で久成がめざしたのは博物館の建設だった。大英博物館のような博物館をつくりたい。

明治の初めは、日本人が日本の伝統文化を大切にすることをやめ、「古器旧物《こききゅうぶつ》」を軽んじた時代だった。

明治4年（1871）5月、久成の提言によって、太政官《だいじょうかん》より「古器旧物保存方《ほぞんかた》」が出され、各地方の古器旧物の所在を確認して報告することが命じられた。

明治5年（1872）、提出された目録に基づき、古器旧物の調査がおこなわれた。中心になったのは町田久成と蜷川式胤《にながわのりたね》。京都と奈良、特に奈良での調査がメインとなり、正倉院宝物の調査と撮影もおこなわれた。

正倉院での宝物調査の帰り道、久成と式胤は、ふたりで月を見ながら猿沢池のあたりを歩き、式胤が笛を吹き、久成は口笛でそれに合わせた。極楽とはこのことだ、と式胤は書いている。

明治6年（1873）、かつての薩摩藩邸を文部省の博物館にした。しかし、展示品の多くは、植物、動物、鉱物の標本や、工業用見本などで、久成が思い描く博物館の姿ではなかった。

大久保利通、岩倉具視《ともみ》、大隈重信、井上馨《かおる》らの支援を受け、上野に立派な博物館ができたのは明治15年（1882）3月のことで、久成は初代の館長になった。

博物館は非生産的な施設とも言える。にもかかわらず、巨額の予算を必要とする。当然、博物館の開設に反対する人々は少なくなかった。

そこを突破する唯一の手立ては、博物館を「皇室の宝物館」にすることだった。できあがった博物館を皇室に献上する。それに反対できる人はいない。しかし、そのためには、皇室にふさわしい宝物を蒐集《しゅうしゅう》しなければならない。

そんなふうに時間は進み、やがて「帝室博物館」が誕生するが、久成自身は、博物館が開館してわずか7か月で、反対派によって解任されてしまう。そして式胤はその事件の前に、コレラのため、47歳で亡くなった。

翌年、久成は園城寺法明院《おんじょうじほうみょういん》の桜井敬徳師から受戒し、6年後、敬徳師の遷化《せんげ》を機に剃髪して、僧籍に入った。

久成と式胤と入れ替わるように登場したのが、フェノロサと岡倉天心である。好古家《こうこか》という言葉がある。古いものが大好きで、集めたり調べたりする人。式胤はその代表格で、久成は少し違うが、その延長上にいる。

フェノロサと天心は好古家ではない。国宝になるような優品にすばやく目が行き、すぐれた研究者で、美の世界に耽溺《たんでき》できる感性をもつ。

タイプは違うが、フェノロサと天心も、久成の紹介で敬徳師から受戒した。フェノロサの僧名は「諦信《たいしん》」という。

（2021年6月9日）

覚鑁

6月15日、久しぶりに根来寺《ねごろじ》（和歌山県岩出市）に行った。

平安時代に、覚鑁《かくばん》によって創生された根来寺は、新義《しんぎ》真言宗の重要寺院である。

空海によって成立した真言宗は、のちに、従来の真言宗である古義《こぎ》真言宗と、覚鑁の教学が加わった新義真言宗に大別されるようになる。

現在、古義真言宗は高野山金剛峯寺《こんごうぶじ》（和歌山県高野町）を中心にし、新義真言宗は長《は》谷寺《せでら》（奈良県桜井市）と智積院《ちしゃくいん》（京都市）を中心とする。

根来寺大塔

明治時代には、長谷寺と智積院のトップが、覚鑁ゆかりの根来寺を、3年交替で兼務する体制になっていた。
覚鑁は、嘉保2年（1095）に、肥前国（現在の佐賀県）で生まれた。やがて、高野山に入り、空海以来の才と讃えられたが、頽廃《たいはい》してしまった高野山の現状を悲しみ、その立て直しを決意する。
仏法興隆には、教学の復興が必要不可欠であろう。
大治5年（1130）、覚鑁は高野山に伝法《でんぽう》堂を建て、伝法会《え》を復興した。根来寺ではこれをもって根来寺の創建とする。

伝法会は、春と秋に百日間ずつ開講される学問のための法会《ほうえ》だが、すでに廃《すた》れて久しかった。その復興が覚鑁の改革運動の第一歩であり、教学復興をめざす覚鑁の強い思いが感じられる。とは言え、伝法堂は一間四面の小さなお堂に過ぎなかったが、2年後、鳥羽上皇の支援を受けて、大伝法院へと発展する。

大伝法院の本尊は大日如来で、その左右に金剛薩埵《こんごうさった》と尊勝仏頂《そんしょうぶっちょう》が安置された。これも覚鑁独自の構想に基づいていた。

そして覚鑁の自坊である密厳院《みつごんいん》も建てられ、多くの人々が集まるようになった。

覚鑁に深く帰依した鳥羽上皇は、大伝法院と密厳院の経済基盤として、現在の岩出市とその周辺にあった石手《いわで》庄、山崎庄、岡田庄、山東《さんどう》庄、弘田庄、相賀《おうが》庄を寄進し、弘田庄（現在の根来寺がある地）の豊福寺《ぶふくじ》を大伝法院の末寺とした。

長承3年（1134）、大伝法院の座主《ざす》であった覚鑁は、金剛峯寺の座主も兼ねることになったが、この時から、大伝法院方と金剛峯寺方の対立が始まった。

対立を避けるため、覚鑁はすべての職を弟子に譲り、無言の行《ぎょう》に入った。

しかし、保延6年（1140）、反対勢力が密厳院を襲撃して焼き払ったので、難を避けるため、覚鑁は山を下り、豊福寺に身を寄せた。

覚鑁は、豊福寺の境内に、新たに円明寺《えんみょうじ》を建て、伝法会の道場とした。豊福寺・円明寺が、やがて根来寺と呼ばれるようになる。

根来に移って間もない康治2年（1143）12月12日、覚鑁は円明寺で亡くなった。まだ49歳だった。

ところで、覚鑁が無言行の直後に書き上げたと伝えられるのが「密厳院発露懺悔文《ほつろさんげのもん》」である。一部を示すと……

「名を比丘《びく》に仮《か》って伽藍を穢《けが》し、形を沙門《しゃもん》に比して信施を受く。受くる所の戒品《かいぼん》は忘れて持《じ》せず、学すべき律義は廃して好むこと無し。

諸仏の厭悪《えんの》したもう所を慚《は》じず、菩薩《ぼさつ》の苦悩する所を畏《おそ》れず、遊戯笑語《ゆげしょうご》して徒《いたず》らに年を送り、諂誑《てんのう》詐欺して空《むな》しく日を過ぐ」

僧とは名ばかり。仏菩薩に対して裏切りを重ねながら、偽りの日々を楽しく過ごしている私たち。

「我、皆、相代わって尽《ことごと》く懺悔し奉る。更に亦、その報いを受けしめざれ。南無慚愧《なむざんき》懺悔無量所犯罪《さんげむりょうしょぼんざい》」

私はすべての人に代わって懺悔する。すべての人が悪行の報いを受けることのないように。

現在の研究では、この懺悔文は覚鑁の作ではないとするそうだが、この痛切な深い内容の文章を覚鑁の作と考えた人たちがいたというところにこそ、覚鑁の真の姿が見えるような気がする。

（2021年6月23日）

教行信証

毎日新聞奈良支局の後援をいただいて、毎月、奈良市中部公民館で、連続講座「奈良へ」を開催している。

ゲストと私がそれぞれ40分ずつ話をし、そのあとさらにふたりで語り合う。事前の打ち合わせは無し。

僧侶、キャスター、書家、美術史家、考古学者、画家、歴史家、新聞記者、ホテル経営者、舞妓など、さまざまな人たちが、それぞれの視点で自分を語り、奈良を語る。広くて深くて重なり合う奈良の魅力を味わう企画である。

先月は、浄教寺の住職さんと「奈良の真宗寺院」というテーマで語り合った。

奈良を代表する寺と言えば東大寺、興福寺、薬師寺、唐招提寺、法隆寺など、次々に名前をあげられるが、それらは歴史が古くて国宝をたくさん持っている寺ばかり。それとは異なる視点があってもいいと思う。私たちの日常の日々にとって、もっと大切なお寺はないのだろうか。

日本の仏教の宗派のなかでもっとも寺の数が多いのは、親鸞聖人が宗祖の浄土真宗であろう。浄土真宗本願寺派、真宗大谷派など、さらに多くの派に分かれるが、奈良県においても寺の数が一番多いのはたぶん浄土真宗で、門徒の数も多く、さまざまな活動を日々おこなっている。

ところで、28年前、私は奈良国立博物館で特別展「鎌倉仏教」を担当した。日本の仏教が大きく変わり始める鎌倉時代の仏教を大観する初めての展覧会だった。この展覧会に、親鸞聖人自筆の「教行信証《きょうぎょうしんしょう》」（東本願寺所蔵）をお借りしたいと考えた。ところがその頃、親鸞聖人の血を引く大谷光暢門首《こうちょうもんしゅ》と東本願寺の内局《ないきょく》が東本願寺の所有権をめぐって争っており、国宝の「教行信証」も係争物件になっていた。

国立博物館が、係争中の物件を展示した例は、おそらくないのではないか。あきらめきれない私は文化庁に相談した。そりゃ無理だと言われるかと思ったら、鷲塚泰光《ひろみつ》美術工芸課長（のち奈良国立博物館長）が「双方から承諾書をもらえばいいじゃないか」と言ってくれた。

特別展「鎌倉仏教」図録

仲立ちしてくださる人がいて、大谷光暢門首をお訪ねした。門首には4人の御子息がおられたが、ややこしい事情があり、四男の暢道《ちょうどう》師と住んでおられた。暢道師にお会いし、「教行信証」の拝借をお願いしたところ、しばらく奥に入られて、門首がサインをした承諾書を持って戻ってこられた。

大谷光暢門首はそのあと早くに亡くなられたので、あるいはこの承諾書が絶筆になったかもしれない。

続いて、東本願寺の内局を訪ねた。

幹部の僧侶の方々が10人ほどずらっと並んだ前で、展覧会の趣旨と、なぜ「教行信証」をお借りしたいのかを、小一時間、熱く語った。そして「よろしくご検討ください」と頭を下げた。

東本願寺にとって一番の宝物である。親鸞聖人の渾身《こんしん》の著作。その自筆本。しかも、係争中である。断られても仕方がない。

頭を上げた私に、中央にいた方がおっしゃった。

「そのような展覧会に出させていただくのは、宗門にとって名誉なことです」

心底、驚いた。そのような言葉はまったく想像することもできなかった。

「ありがとうございます」。深々と頭を下げて、私は泣きそうになった。

「教行信証」は親鸞聖人の主著で、親鸞聖人は晩年に至るまで改訂を続けた。改訂と言っても、二つ折りした紙を切り開いて裏にも書き込んだり、貼紙をしたり、別紙を綴じ込んだり、かなり大幅な改訂である。このとき親鸞聖人は80代だった。80代に大幅な改訂を続けたということは、80代にも勉強を続け、前進していたということである。

「教行信証」を手にした時の感動を忘れることはない。

（2021年7月14日）

4

尊き願い

奈良博三昧

現在、奈良国立博物館（奈良博）では、特別展「奈良博三昧《ざんまい》」が開催されている。「三昧」とは、それだけに集中して十二分に堪能する、といった意味の言葉。つまり、奈良博が所蔵する仏教美術のコレクションのなかから、これでもかとばかりに多数の名品を選び出して、それらを味わい尽くしてもらおうとする展覧会で、とても奈良博とは思えない、斬新なデザインのポスターやちらしが評判になっている。

24年前、同じ趣旨の特別展が開催された時には、展覧会の名称は、普通に「奈良国立博物館の名宝」で、ポスターやちらしも、いつもの奈良博らしいデザインだった。ふたつの図録を並べると、違いがよくわかる＝写真（右）。

24年前の展覧会は私も担当しており、書跡部門の作品44点は、私が選び、解説もすべてひとりで書いたので、思い出深く、時の流れを感じた。

今回の展覧会の担当者に聞くと、ポスターやツイッターの効果もあって、若い人や親子連れが増え、新しい客層を取り込めている手応えはあるが、攻めすぎの広報が、従来の奈良博ファンの足を遠ざけてはいないか心配とのことだった。

「奈良博三昧」で特筆すべきは、すべての作品を撮影できる、ということである。

通常の展覧会では、展示されている作品の大半はお借りしているものなので、撮影することはできない。今回は、すべてが館蔵品なので、そういうことが可能になった。

ただし、「撮影可」がいいことかどうかは賛否両論があるだろう。

みんなが次々に写真を撮っていると、場がざわついてしまい、明らかに雰囲気は悪くなる。奈良博には（信仰の対象である）仏像が多いので、撮影を不快に思う人もたぶん少なくないだろう。

と言いながらも、展示室におられる仏像を撮るのが私は好きだ。

仏像は、写すカメラの位置や高さによって、まったく違った姿になる。

プロが撮ったどんなに素晴らしい写真であっても、私が求めている写真ではないことが多い。気に入った写真を撮ることができる機会はとてもありがたい。

それに加えて、周辺に展示されているものを一緒に撮ったり、照明によって生じた仏像の影を写すのも好きだ。

学生時代、私は京都東山の「哲学の道」の南端、若王子《にゃくおうじ》に住んでいた。下宿の近くに神社があり、153年前までそこに祀《まつ》られていた薬師如来像が、神仏分離によって神社を出て、巡り巡って奈良博の館蔵品になっている。国が所有する唯一の国宝仏である。

真横から拝すると、額から鼻筋のラインが一直線になっていて、そこも目を引くが、向こうのケースに藤原鎌足や不比等《ふひと》（光明皇后の父）がいるのが見える。そういう組み合わせが楽しい＝写真（前頁左）。

「奈良博三昧」に展示されているのは奈良博の館蔵品ばかりなので、それぞれが出会う機会はまたあるだろうが、通常の展覧会で展示しているものは、各地からお借りしてきたものなので、隣り合って並ぶのは、それが最初で最後であることがほとんどで、展覧会が終わると永遠の別れとなってしまう。

展示室は各地の宝物の一期一会《いちごいちえ》の出会いの場であって、ふたたび同じ組み合わせを見る可能性はゼロに近い。

だから私は展示室の写真を撮るのが好き。もう二度と見ることのない光景を深く味わいながら、展示室におられる仏像の姿を撮るのが好きだ。


（2021年8月18日）

追う

京都の高山寺に「華厳宗祖師絵伝」と呼ばれる国宝の絵巻が伝わっている。義湘《ぎしょう》の伝記を描いた「義湘絵」と、元暁《がんぎょう》の伝記を描いた「元暁絵」から成り、「義湘絵」は明恵上人《みょうえしょうにん》が制作した。

義湘と元暁はいずれも朝鮮半島の新羅《しらぎ》に実在した僧で、義湘は華厳教学を学ぶために海路で唐に至り、美しい善妙《ぜんみょう》と出会う。

義湘も美しい僧だった。一目ぼれした善妙は「わが妄情を遂げしめ給へ」と迫る。「私は命をかけて戒を守っている。仏法（仏の教え）の力で衆生《しゅじょう》を救うためだ」義湘の言葉を聞いた善妙は恥ずかしくなるが、同時にもっと好きになってしまう。

やがて修学を終えた義湘は善妙に挨拶もなく、さっさと船出した。知らせを聞き、善妙が浜辺まで行ってみると、はるか沖に義湘が乗った船の白い帆が見えた。善妙は浜辺に倒れて泣きじゃくった。やがて善妙は立ち上がり、海に身を投げる。

しかし、この時、絵巻では、善妙は幸せそうに微笑んでいるように見える。義湘と初めて出会った時のことを思い出しているのだろうか。

荒れ狂う波が善妙を飲み込んだ。小さな善妙の姿は波間に消えた。しかし次の瞬間、思いがけない事が起きた。巨大な龍が姿を現わしたのである。善妙は龍に姿を変えた。龍は気魄のこもったまなざしで前方を凝視し、船を追う。

そしてたちまち船に追い付いた龍は何をしたか。船に襲いかかったわけではない。船を背に乗せて新羅へ送っていく。船を背に乗せると龍の表情が変わる。穏やかで、少し得意げな表情。船を追っていた時の厳しさはない。

こうした善妙の微妙な心の動きを的確に描き出した絵師の力量には感心させられる。絵巻の本当の主役は善妙であって、義湘ではないようだ。ひたむきな愛に生きる善妙に対する、明恵の並々ならぬ思い入れがあってこそ、この絵巻は成立した。

「義湘絵」には驚くほど長い詞書《ことばがき》が付いている。これも明恵が作成したもので、内容も異例である。明恵は言葉を尽くして善妙を讃える。「愛心なきはすなわち法器《ほうき》にあらざる人なり」　愛のない人には仏法はわからない。義湘を深く愛した善妙こそ法器（仏法を入れることのできる器）である。

好きな男を追って善妙は龍になった。誰もが想起するのは「道成寺縁起《どうじょうじえんぎ》」であろう。逃げる安珍《あんちん》を追い、蛇体となった清姫《きよひめ》は、道成寺の梵鐘に隠れた安珍を焼き殺す。

この説話を知っていた明恵は、善妙の行為がそれとは異なることを強調する。

その説話の舞台となった道成寺（和歌山県日高川町鐘巻）に伝わる「道成寺縁起」を開いてみよう。

熊野参詣にやって来た美しい行者を、宿の女が好きになる。男は帰途にも必ず立ち

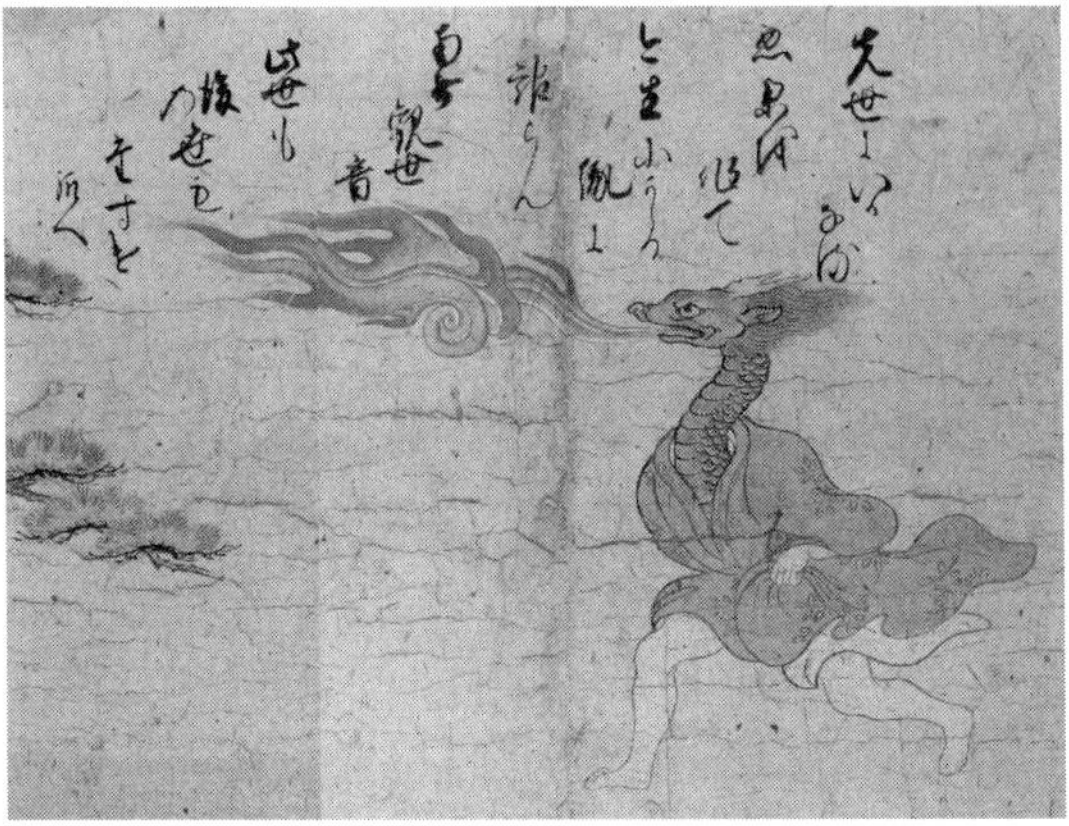
道成寺縁起

寄ると約束したが、いつまでたっても現れない。だまされたと知った女は髪を振り乱し、男のあとを追う。やがて女の口は裂け、息は火炎となり、ついには大蛇と化す。

男は命からがら道成寺に逃げ込み、鐘のなかに隠れるが、鐘に巻き付いた大蛇は、火炎を吐き、男を焼き殺す。

確かに善妙の物語とは似て非なるものにみえるが――。

絵巻を見ると、上半身が蛇に変わった女は、火炎を吐きながら叫んでいる。

「先の世にいかなる悪業《あくごう》をなして、今生《こんじょう》にかかる縁《えにし》に報《むく》らん。南無観世音《なむかんぜおん》、この世ものちの世も、助け給へ」

女は知っている。自分が化け物になっていることを。たとえ追いついても、男が自分を好きになるはずはない。

走っていく先には滅びしか待っていない。それはわかっている。わかっているが、どうしてもとめることができない。

「観音さま、助けて！」と叫びながら女は走り続ける。

この女と善妙に違いがあるのだろうか。

結末は異なるが、男を追う女の切なる思いは同じではないのか。いや、「道成寺縁起」の女のほうが、はるかに悲しくて辛い。

（2021年9月1日）

観音様の話　1

「三輪山を御神体とする大神《おおみわ》神社（奈良県桜井市）の境内にあった大御輪寺《だいごりんじ》。聖林寺《しょうりんじ》の観音様は、①大御輪寺から大切に（！）聖林寺に移されたこと、②聖林寺は本堂を増築して観音様をお迎えしたこと、③増築が完了するまでは地元の民家でお祀《まつ》りされていたこと、などが新たにわかってきました。

仰ぎ見るように大きくて、言葉を失ってしまうほどに魅力的な観音様が、お住まいを移しながら過ごしてこられた１２００年を超える長い歳月と、それに関わってきた無数の人々のことを想いながら、観音様の新しいお住まいが完成するのを、とても楽しみにしています。ほんのわずかですが、私も協力させていただいています」

聖林寺では、十一面観音像をお祀りする観音堂の改修工事が始まっている。

この改修工事に伴い、観音像は23年ぶりにお寺を出て、東京国立博物館の特別展「国宝聖林寺十一面観音／三輪山信仰のみほとけ」にお出ましになった。

そのあと、来年の2月から3月にかけては、奈良国立博物館で展示され、改修工事が終わってから、お寺に戻る。

改修工事は大がかりで、費用は1億5千万円もかかるとのこと。それだけの金額を集めるのは難しいのではないかと危惧していたが、工事が始まると、屋根が予想以上に傷んでいることがわかり、追加の工事が必要になったため、工期を延ばし、費用も増額されることになった。

現在、クラウドファンディングの第2弾が進行中で、多くの方々の温かいご支援をいただいてはいるが、道は果てしなく遠い……。

聖林寺さんとは以前から親しくさせていただいており、今回の改修工事や展覧会についても、最初の段階からお話をうかがってきたので、気がかりなことが多い。

冒頭の文章は、私の応援メッセージで、この原稿用に、少しだけ手を加えている。

おそらく、この①②③については、ほとんどの人がご存じないのではないかと思う。聖林寺の十一面観音像についてこれまで語られてきたことの多くは間違っている。

廃仏毀釈で大変だったというのも、路傍に放置されていたというのも、たまたま聖林寺に移されたというのも、フェノロサが発見したというのも、みんな間違っている。

戦前のベストセラーである和辻哲郎さんの『古寺巡礼』も、戦後のベストセラーである白洲正子さんの『十一面観音巡礼』も、NHKの「歴史秘話ヒストリア」も、みんな間違っている。

聖林寺に興味深い伽藍図が伝えられている＝写真（次頁）。本堂の向かって右に増築した状況を描いたもので、そこに「観音堂」と記されている。

聖林寺は大御輪寺の十一面観音像をお迎えするために、わざわざ本堂を増築し、そ

の増築部分を「観音堂」と命名していたことがわかる。

それから月日は流れ、明治19年（1886）5月に、文部省の調査団（フェノロサや岡倉天心を含む）が聖林寺を訪れた。その時の岡倉天心の調書が残っている。

その調書には「本尊十一面観音」とあり、観音像は「本尊」と明記されている。

聖林寺の本尊は大きな石のお地蔵様だが、増築部分（観音堂）には、十一面観音像が「本尊」として大切にお祀りされていたことがわかる。

NHKの「歴史秘話ヒストリア」では、観音像は白布でくるんで隠してあり、それをフェノロサが開いたことになっていたが、まったくの作り話というほかない。

2年後、フェノロサと友人のビゲローは、観音像を納める厨子の制作費を寄進した。完成した厨子には「本尊十一面観世音」と書かれており、観音像が「本尊」として存在していたことを確認できる。

次回は、大御輪寺では廃仏毀釈が起きていないことをお話します。

（2021年9月15日）

観音様の話　2

明治の初めは廃仏毀釈《はいぶつきしゃく》で大変だった。仏像が壊され……、という話をよく聞くが、その大半は事実ではない。

奈良において、廃仏毀釈が起きたお寺の代表例として、興福寺と永久寺と大御輪寺《だいごりんじ》が挙げられることが多いが、それは適切ではない。

慶応4年（1868／9月に明治と改元）3月、神祇《じんぎ》事務局は、全国の神社に対して通達を出した。17日と28日に出されたふたつの通達を、神仏分離令と呼んでいる。ただし「神仏分離」はのちの時代の言葉で、当時は「神仏判然《はんぜん》」と言っていた。神は神、仏ではない。それをはっきりさせる。だから通達は、神社にだけ出された。

3月17日の通達は、神社に僧侶がいてはならないというものだった。私たちには当たり前の事柄だが、当時は神社に僧侶（別当、社僧）がいても不思議ではなかった。

3月28日の通達は、神様を仏教用語で呼んではならない、仏像を神社の神体（祭神）にしてはならないというものだった。そんなことがおこなわれていたのかと、むしろ驚くような事柄だが、今から153年前までは、神社に仏像が祀《まつ》られているのは当たり前だった。こういう状況を神仏習合《しんぶつしゅうごう》という。

若宮社（もと大御輪寺本堂）

神様なのか仏様なのかがはっきりしない。神社なのかお寺なのかがはっきりしない。そういう状況をやめさせようとするのが神仏判然、いわゆる神仏分離だった。神社から仏教色を取り除く。

廃仏毀釈は、それとはまったく意味が異なる。

「廃仏」も「毀釈」も、仏教を滅ぼすことを意味する。寺を壊し、仏像を壊し、お釈迦様の教え（仏教）を壊す。

明治政府にはそんな考えはまったくなかった。神社から仏像や仏具を取り除く時にトラブルが起きないよう、「一々伺い出て差図《さしず》を受けよ」と、追加の通達も出すほどだった。

大御輪寺の場合を確認してみよう。

大御輪寺は、奈良時代に大神《おおみわ》神社の境内にできたお寺である。神仏分離の通達が出された時には、本堂の中央に十一面観音像、その周囲に地蔵菩薩像、不動明王像、日光菩薩像、月光《がっこう》菩薩像が、向かって右の空間には、若宮《わかみや》像が祀られていた。若宮は大物主神《おおものぬしのかみ》の御子神《みこがみ》で、まさに神仏習合の姿だった。

そして、十一面観音は若宮の本地仏《ほんじぶつ》（本当の姿）だとか、若宮の母であるとか、そういう信仰の場であった。

通達を受け、大神神社から仏教色を取り除くことになった。境内にある大御輪寺もその対象になった。

大御輪寺の別当の大昶《だいちょう》は、仏像を有縁《うえん》のお寺へ移し、若宮像を本堂の中央にお祀りして、お寺を神社に造り替えることにした。大切な本尊の十一面観音像の行先は、大昶の師である聖林寺《しょうりんじ》の大心《だいしん》律師に相談したところ、聖林寺で預かろうと言ってもらった。

大心は本堂を増築し、増築部分を観音堂と命名して、観音像を大切にお祀りした。増築が完了するまでは、地元の米田家（大昶の先代の別当である廓道《かくどう》の実家）で預かってもらった。

大昶は、僧侶をやめ、神官になり、名を神先大膳《かんさきだいぜん》と改めた。神先とは、いかにも時流に乗った名字に思える。

神先大膳は十一面観音などの仏像を外に出すにあたり、「官令ニ因リ奏シ請フテ」粛々《しゅくしゅく》とおこなった。そして、本堂以外の堂塔、仏像以外の経典や仏具などは売却して、2300両あまり、金額の換算は難しいが、おそらく億を超えるお金を手にした。大膳は、そのお金で本堂を改造して若宮社の社殿にし、残りを廓道の老後の資金や、自分の生活費に充てた。

十一面観音像は聖林寺で、地蔵菩薩像は法隆寺で、不動明王像は玄賓庵《げんぴんあん》で、日光菩薩と月光菩薩は正暦寺《しょうりゃくじ》で、現在まで大切に守られている。

大御輪寺で起きたのは、神仏分離であって、廃仏毀釈ではない。

（2021年9月29日）

観音様の話　3

聖林寺《しょうりんじ》の国宝十一面観音像が、明治の初めに三輪の大御輪寺《だいごりんじ》から移ってきたのは、廃仏毀釈《はいぶつきしゃく》のためではなかった。このことはこれまでの説明で明らかになったと思う。

和辻哲郎さんの『古寺巡礼』（大正8年〈1919〉初版）に「路傍《ろぼう》にころがしてあった」「埃《ほこり》にまみれて雑草のなかに横たわっていた」「或日《あるひ》偶然に、聖林寺という小さな真宗寺の住職がそこを通りかかって」「自分の寺へ運んで行った」と書かれていることが、間違ったイメージを多くの人に与えてしまった。

和辻さんは「これは人から伝え聞いた話で、歴史的にどれほど確《たしか》であるかは保証の限りではないが」と書いてはいるが、そこは読み飛ばされている。《引用は初版本より》

白洲正子さんの『十一面観音巡礼』（昭和50年〈1975〉初版）には、「発見したのはフェノロサで、天平時代の名作が、神宮寺の縁の下に捨ててあったのを見て、先代の住職と相談の上、聖林寺へ移すことに決めたという」「（フェノロサは）穏やかなおじいさんで」とあるが、これも事実ではない。

十一面観音像が聖林寺に移った時には、フェノロサはまだ日本に来ていない。フェ

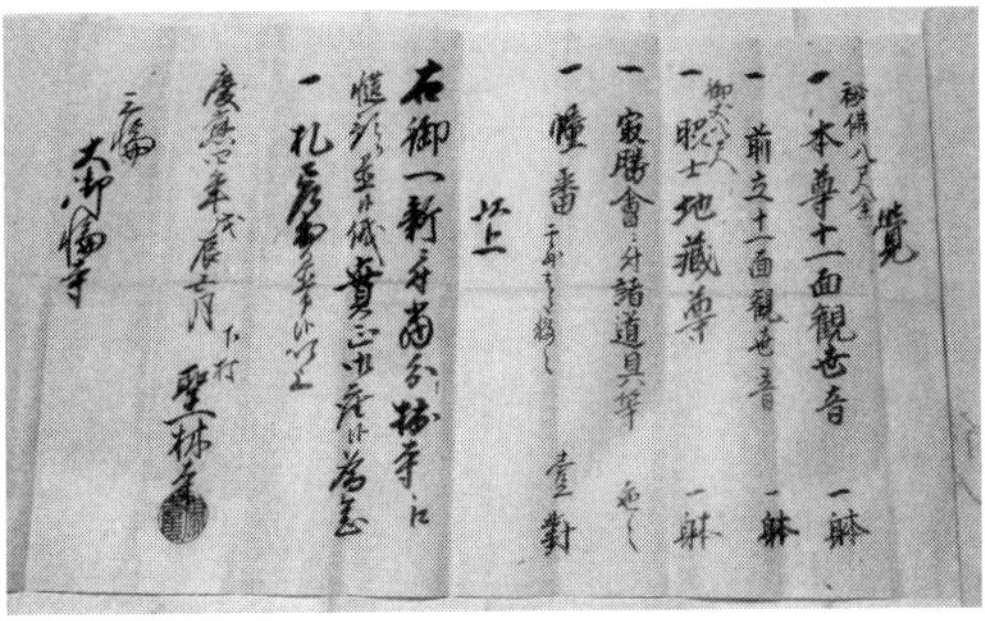

ノロサが初めて聖林寺を訪れて観音像に出会ったのは33歳の時なので、「穏やかなおじいさん」にはまだ早すぎる。

白洲さんの場合、聖林寺へ行った時に、当時の住職から聞いた話を信じてそのまま書いただけなので、気の毒とも言えるが、戦前と戦後のベストセラーである和辻さんと白洲さんの著作が与えた影響はとても大きかった。

慶応4年（1868／9月に明治と改元）5月、聖林寺は、大御輪寺の本尊十一面観音像、前立《まえだち》十一面観音像、地蔵菩薩像などを、「御一新《ごいっしん》に付き、当分の間、預り置く」旨を記した「覚《おぼえ》」を作成し、署名捺印して、大御輪寺に渡した＝写真。

この文書の存在が知られたことで、和辻さんと白洲さんが書いたのは事実ではなく、単なるうわさ話、あるいは関係者の作り話（関係者の記憶違い）であることが明らかになった。

大御輪寺に宛てて出された文書が、現在は聖林寺にあるのは、大御輪寺がそのあと神社に変わり、今後はもう仏像をお祀《まつ》りすることがないので、当分の間の仮預《かりあずかり》のはずだった仏像を聖林寺が正式に所有することになり、不要になった文書が聖林寺に返されたためである。

大御輪寺では廃仏毀釈が起きていない。それを明らかにするこの貴重な文書を世に出したのは、皇學館大学の久保田収《おさむ》先生だった。今からちょうど50年前のことである。

明治初年の詳しい経緯はわからなくても、この文書が存在しているだけで廃仏毀釈説は消え去ってもよいのだが、なかなかそうならないのは、あの頃は廃仏毀釈で大変だったんだよという話が、みんな好きだからだと思う。

ところで大御輪寺の本堂、現在の若宮社の社殿は、昭和62年（1987）から3年をかけて解体修理された。その結果、奈良時代には、十一面観音像はこの建物にお祀りされていなかった可能性が高いことがわかった。

衰えていた大御輪寺は、鎌倉時代に叡尊《えいそん》によって復興され、煥然《かんぜん》一新（すっかり新しくなること）し、名前も大神寺《おおみわでら》から大御輪寺《だいごりんじ》に変わった。十一面観音像は、この時に移されてきたらしい。

そうであるなら、観音像の作者は文室智努《ふんやのちぬ》（のち沙門浄三《しゃもんじょうさん》）という通説も再考する必要が生じる。奈良時代にこれほど素晴らしい仏像を造れるのは造東大寺司《ぞうとうだいじし》の工房しかない。東大寺と大神寺の双方に関わりがあることを史料で確認できるのは文室智努しかいない。文室智努説の根拠はほぼそれだけなので、もしも観音像が他所から来たものなら、その説はもろくも崩れ去る。

文室智努は、薬師寺にある仏足石《ぶっそくせき》（国宝）を造った人。観音信仰の気配がないことが以前から気になっている。


（2021年10月13日）

正倉院展

正倉院展が始まった。

漆金薄絵盤《うるしきんぱくえのばん》、長斑錦御軾《ちょうはんきんのおんしょく》、杜家立成《とかりっせい》、螺鈿紫檀阮咸《らでんしたんのげんかん》……。

正倉院展に出た宝物は、原則として、そのあと10年間は展示されることがない。

それは宝物が疲れるからだと私は説明している。

正倉院から奈良国立博物館に運ばれて、たくさんの人たちからジロジロ見られると、宝物は疲れてしまう。最低10年間の静養が必要だ。

正倉院展ポスター　2013年

いや、そんなことはない。数年前にも同じものを確かに見たと言う人が時折おられるが、それは違う。

たとえば今から8年前の正倉院展のポスターを見ると、今年の目玉である漆金薄絵盤が使われているではないか。

しかしこれは別物である。漆金薄絵盤はふたつ（甲号と乙号）あって、今年は違うほう（甲号）が展示されている。

漆金薄絵盤は蓮の花の形をしており、4段に配列された32枚の花びらには、それぞれ濃密な絵が描かれている。

4段のうち、最上段の花びらは緑青《ろくしょう》地に、第2段と第4段は金箔《きんぱく》地に、そして第3段は朱地に、迦陵頻伽《かりょうびんが》（人間の顔をした鳥）、孔雀、鳳凰、獅子、花をくわえた鳥などが表わされており、見ていると引き込まれそうになる。

8年前、私は奈良国立博物館の学芸部長で、NHK「日曜美術館」に出演して、俳優の井浦新《あらた》さん、アナウンサーの伊東敏恵さんと、漆金薄絵盤の魅力を語り合った。台本はなかった。井浦さんが「花びらの絵を見ているうちに怖くなった」と言ったので、すぐれた感性の人だなあと感心した。

井浦さんは、自分の目で見て、自分の心で感じ、自分の言葉で話せる人だった。

正倉院の倉のなかに入り、漆金薄絵盤の状態を点検した時のことも忘れがたい。

誰かがそばを通ると、それだけで花びらがゆらゆら揺れる。それが怖い。花びらにはすでに干割れが入っているので、揺れると割れる可能性もある。誰も動くな！　動くなら空気を動かすな！

展示にも工夫があった。

花びらの絵を見てもらうには、少し高めに展示したほうがいい。しかし、それでは、全体の姿がわかりにくくなってしまう。そこで漆金薄絵盤を乗せた台の下に大きな鏡を敷いて、花びらの絵を鏡に映すことにした。鏡の下に照明器具を仕込み、鏡に小さな穴をいくつかあけて、花びらをきれいに照らし、描かれた絵を鏡に美しく映し出す。

ところで、今年展示されている漆金薄絵盤（甲号）の裏側には、墨で「香印坐《こういんざ》」と書かれている。

「香印」は粉末状のお香でかたどった印文で、一か所に火をつけると、一筆書きのように、時間をかけてすべてが燃えていく。

漆金薄絵盤は、香印を載せた平盆を置いて、お香を焚くための台座だった。径55・6センチ。本尊の前に並べられた一対の漆金薄絵盤からお香のけむりがゆらゆら立ち上っている様子を想像してみるのは楽しい。

漆金薄絵盤（甲号）が正倉院展に出るのは28年ぶりのことである。もしも次に出るのがやはり28年後なら、私はもうこの世にはいない。今回が見納めになる。

次の長斑錦御軾は、ひじかけ。聖武天皇の脇に置かれていたもので、正倉院展に出るのは16年ぶりのこと。

16年前、この長斑錦御軾がわずかにひしゃげているのに気がついた。聖武天皇がもたれて体の重みをかけていたからだろう。

光明皇后には、ひしゃげた部分に聖武天皇の姿が見えたに違いない。いつものように斜めにもたれている姿。現実には、もうこの世では決して見ることも触れることもできない聖武天皇の肉体の幻。

光明皇后は「触目崩摧」（聖武天皇の遺愛の品々が目に触れると、悲しくて心が崩《くず》れ摧《くだ》けてしまう）と書いている。長斑錦御軾はまさにそういう品だったように思う。

（2021年11月3日）

最澄と比叡山

最澄が近江国の国分寺の僧侶として生きるのをやめ、比叡山にこもったのは19歳（20歳説も）の時だった。

近江国、現在の滋賀県大津市に生まれた最澄は、幼い時から神の山である比叡山をいつも仰いでいたことだろう。

都が平城京から長岡京へ。さらに平安京へ。これまでの社会のシステムが壊れ、混乱する時代。仏教の世界でも、修学と修行に打ち込む僧侶は少なく、子どもがいて、俗人と変わらない生活をおくり、立場を利用して賄賂をとる者さえいた。

一方、山林修行に打ち込む人々もいた。俗なる場である人里を離れ、清浄《しょうじょう》なる山で修行に励む人々。最澄もそのひとりだった。

山に入る際に最澄は願文《がんもん》を書いた。誓いの文章である。

「愚《ぐ》の中の極愚《ごくぐ》、狂《おう》が中の極狂《ごくおう》、塵禿《じんとく》の有情《うじょう》、底下《ていげ》の最澄」。最澄は自分を最低の人間だと位置付けて、5つの誓いを立てた。

眼耳鼻舌身意《げんにびぜっしんい》の6つが仏と同じように清浄になるまで、山から出ない、など。

そして「伏して願わくば、解脱《げだつ》の味、独り飲まず、安楽の果《このみ》、独り証せず、法界の

衆生《しゅじょう》と同じく、妙覚に登り、法界の衆生と同じく、妙味を服せん」と締め括る。

ひとりでは幸せにならない。必ずみんなで幸せになる。19歳の最澄がめざしていたのはそういう世界であり、56歳で亡くなるまでその思いは変わらなかった。

仏と同じように清浄になるのは不可能ではないかとも思われるが、最澄は「この願《がん》力《りき》によって」と記す。強く願えば、人は変わることができるかもしれない。

最澄が山から出たのは12年後のことだった。

比叡山からは琵琶湖がよく見える＝写真。琵琶湖を見下ろしながら、若き日の最澄は何を思っただろうか。

最澄はひとりではなかった。いつしか何人かの弟子ができており、最澄に注目する人も現れた。

南都の学僧10人を比叡山に招いて討論会を開催。その翌年には、京都の高雄山寺《たかおさんじ》（現在の神護寺）に南都の碩学を集めて催された討論会に招聘され、集まった人々を魅了した。

この国を再生できるのは、最澄が学んでいる天台の教えしかない。

桓武天皇からも、南都の碩学からも期待されて、最澄は唐へ渡り、天台山へ向かう。

そして最澄は、翛然《しゅくねん》から禅を、行満《ぎょうまん》と道邃《どうずい》から天台教学を、順暁《じゅんぎょう》から密教を学び、道邃からは菩薩戒（大乗戒）を受けた。

最澄が比叡山で展開した天台宗は、『法華経』の教えを中心に、禅・戒・密教を取り入れた総合仏教だった。天台宗が公認され、日本の仏教の宗派は7つになった。

しかし、最澄の願ったようには進まなかった。怨霊《おんりょう》の祟りを恐れた桓武天皇は密教に強くひかれるようになり、天台の教えには目がいかなくなった。そこへ空海が帰ってきた。長安の都で、最澄の知らない最新の密教を学んだ空海が。

真摯な最澄は、年下の空海に師事して密教を学び始めるが、ふたりの根本的な違いが次第に露わになる。ふたりは決別する定めだった。

最澄は比叡山に大乗戒壇を造ろうとした。日本の仏教は大乗仏教なのに、小乗仏教の戒に依っているのはおかしい。比叡山に大乗戒を受けられる戒壇を造ろうとするが、賛同が得られない。

ちなみに、小乗戒は人から受けるが、大乗戒は仏から受ける。

清浄なる大乗戒を受けたあと、12年間、山にこもり、修学と修行に励む。そのあとは各地で、池を修理し、溝を修理し、荒れたるを耕し、崩れたるを埋め、橋を造り、船を造り、樹を殖え、苧《からむし》を殖え、麻を蒔き、草を蒔き、井を穿《うが》ち、水を引き、国を利し、人を利する。こういう僧侶を養成しようとするのが最澄の天台宗だった。

「忘己利他《もうこりた》」。己れを忘れて他を利する。最澄はひたすらその道を邁進した。

（2021年11月17日）

ねじりまんぽ

奈良国立博物館に就職して奈良に引っ越して来るまでは京都に住んでいた。

大学に入り、永観堂のとなりに下宿した。紅葉の名所。ご本尊は「みかえり阿弥陀」といわれ、うしろを振り返る珍しい姿をしている。

私が下宿したのは、ある財閥のお妾《めかけ》さんのために建てられたといわれる古い素敵な家だった。そこは「哲学の道」の南の端の若王子《にゃくおうじ》町で、道に面した格子戸《こうしど》をあけ、狭い小路《こうじ》を進んでいくと家があった。まさに隠れ家だ。

その家の2階の10畳もある広い部屋を借りた。部屋には床の間があり、観音菩薩の絵が掛けられていた。

眺めが素晴らしかった。

東は若王子山。麓の若王子神社から山道を登ると同志社墓地があり、創立者の新島《にいじま》襄《じょう》や妻の八重が眠っている。

南は永観堂。その向こうが南禅寺。さらにその向こうに都ホテルが見えた。

若王子には古くて大きな家が多く、下宿している学生が大勢いた。

大学へは自転車で通った。当時は、まだ市電が走っていて、道路はレールでがたがたしていた。

永観堂の前に、「山源《やまげん》」というお蕎麦屋さんがあった。

このお店が、夕方6時になると、下宿生の夕食のために、日替わりの定食を始める。いつもそれを食べに行った。お店に入り、調理場に向かって「定食」と声をかけると看板娘（美人姉妹の妹さん）が運んできてくれる。独り暮らしを始めたばかりの18歳の私には、ただそれだけで、ドキドキする素敵な時間だった。

やがて活動範囲が広がり、夕方に下宿にいることがなくなると、「山源」へも行かなくなってしまった。

数年前、南禅寺へ行った帰りに、久しぶりに「山源」に寄ってみた。

昼の時間をかなり過ぎていたので、ほかのお客さんはいなかった。注文を聞きに来てくれた女性が、美人姉妹のお姉さんのように思われた。

しばらくすると、もうひとりの女性が出前から戻ってきた。顔立ちと声と話し方が、明らかにあの妹さんだった。

恥ずかしがりの私ではあるが、ほかのお客さんがいなかったので、思い切って声をかけてみると、その通りだった。

あの頃は、お父さんの手伝いをしていて、現在はあとを継いだわけではないのだけれど、近所に住んでいるので、姉妹でがんばっていますのような話だった。

なつかしかった。何十年も経っているのに、人は案外変わらないものだなと思った。

ところで、わが下宿は今は和菓子屋さんになっている。どこにもない味で超人気の和菓子屋さん。親しくさせてもらっている。

当時の古い家はシロアリにやられて建て替えられたが、基本形は変えていないので、中に入ると、いろいろなことが思い出される。

あの頃は、今のような人生を送ることになるとは夢にも思わなかった。

南禅寺の南、蹴上《けあげ》のあたりから下宿へ戻るには、「ねじりまんぽ」を通り抜ける。煉瓦《れんが》で造られた歩行者用のトンネルで、この上を蹴上インクラインが通っている。

京都と大津の間には琵琶湖疏水が流れており、舟による輸送がさかんだった。しかし落差の大きいところは運航できないので、傾斜面に鉄道のようにレールを敷き、舟を台車に乗せて上下させた。それが蹴上のインクラインである。

ねじりまんぽ

「まんぽ」は坑道（間歩《まぶ》）の意味かと思われるが、強度を高めるため、角度を変えて煉瓦を積んであるので、ねじれているように見えて、近づくと引き込まれそうになる。

昔、「タイムトンネル」という人気番組があった。

蹴上の「ねじりまんぽ」は、タイムトンネル。ここを抜けると、一瞬にして学生時代にタイムスリップする。


（2021年12月8日）

出雲

『古事記』を読むと、スサノヲとオオクニヌシ、つまり出雲神話に心をひかれる。そして、アマテラスのふるまいに疑問が湧いてくる。

黄泉《よみ》の国から戻ったイザナギが、水で身を浄めると、左目からアマテラス（女神）、鼻からはスサノヲ（男神）が生まれた。やがて、問題を起こしたスサノヲは、アマテラスの住む天の世界を追われ、地上に降りて、出雲にやって来る。スサノヲは、斐伊川《ひいがわ》の上流の地で、ヤマタノオロチを退治した。頭と尾が8つある巨大な蛇である。

それによりヤマタノオロチに食べられそうになっていたクシナダヒメを救うのだが、スサノヲはクシナダヒメを小さな櫛《くし》に変身させ、それを髪に刺して大蛇と戦う。こういうところが私の好みである。

クシナダヒメと結ばれたスサノヲは、ヤマタノオロチの尾のなかから見出した立派な大刀《たち》を、姉のアマテラスに献上した。これが三種の神器《じんぎ》のひとつ「草薙剣《くさなぎのつるぎ》」である。

スサノヲはクシナダヒメと住む宮を建てるにふさわしい場所をさがす。そして須賀の地を気に入って宮を建てた。その時、雲が湧き起ったので「八雲立つ　出雲八重垣……」と歌を詠んだ。出雲は文字通り、雲が立つ（出る）、八雲が立つ聖地である。

やがて、スサノヲのもとにオオクニヌシがやって来る。と言っても、『古事記』によれば、この時、スサノヲは出雲ではなく、「根《ね》の堅州国《かたすくに》」にいることになっている。

かつてスサノヲは「お母さん（イザナミ）のいる根の堅州国に行きたい」と大泣きしたことがあった。死んだイザナミがいるのは黄泉の国なので、「根の堅州国」は黄泉の国、つまり死者の世界ということになるが、スサノヲはどうしてそんなところにいたのだろうか。

それはさておき、オオクニヌシがスサノヲを訪ねて行ったのは、兄弟に殺されそうになったからである。オオクニヌシには多くの兄弟（八十神《やそがみ》）がいて、みんなが因幡《いなば》のヤカミヒメに求婚したが、「オオクニヌシ様に嫁ぎます」と断られる。怒った八十神はオオクニヌシを殺そうと謀《はかりごと》を巡らせる。

その頃、オオクニヌシは、海辺でウサギを助けていた。

八十神は、赤いイノシシを追い立てるから捕らえよと命じ、火で焼いた大きな石を落とす。そうとは知らずに捕らえようとして、オオクニヌシは焼け死んでしまった。オオクニヌシのお母さんは天に昇り、カミムスビに頼んで蘇生させてもらう。カミムスビは出雲の守護神のような神である。

しかしさらに殺されかけたので、お母さんの勧めに従ってオオクニヌシはスサノヲを訪ね、そこでスセリビメ（スサノヲの娘）と恋に落ちる。

そして、スサノヲのもとで特別な大刀と弓矢を手に入れたオオクニヌシは、それを

用いて八十神を追い払う。『古事記』にはこの箇所に「始めて国を作りたまひき」とある。日本誕生だ。

　ところが、話はまだ終わらない。アマテラスが天から見下ろすと、わが子が治めるはずの地上の様子がおかしい。

　そこで、最強の神タケミカヅチが派遣された。タケミカヅチは、ここはアマテラスの子孫が治める国だと迫る。オオクニヌシとその子コトシロヌシは了承し、もうひとりの子タケミナカタは戦うも歯が立たず、降伏する。

　こうして地上（＝日本）はアマテラスの子孫が治める国になり、オオクニヌシは出雲大社に祀《まつ》られた。

　これを「国譲り神話」と言うが、譲ったのではなく奪われたようにみえるが……。

　出雲大社の近くに命主社《いのちぬしのやしろ》という神社がある。名前に引かれて行ってみると、うわわ！　椋《むく》の巨木が地面から浮き上がっている。社殿はその陰にあり、オオクニヌシを蘇生させたカミムスビが祀られていた。

（2021年12月22日）

初めて

1月29日、三条通の浄教寺（浄土真宗本願寺派）で、親鸞聖人の話をさせていただいた＝写真。

私が代表をつとめる東アジア仏教文化研究所と奈良市中部公民館は、ゲストを招いて語り合う連続講座「奈良へ」を、チャリティーで、年に9回開催している。

昨年、浄教寺住職の島田春樹さんに来ていただいて、親鸞聖人について語り合った。おかげさまでそれが好評だったそうで、浄教寺の新春の門信徒会で話をさせていただくことになった。

ただ、私は親鸞聖人の研究者ではないので、浄土真宗のお寺の門信徒の方々に親鸞聖人の話をするのは、なんだかおこがましく思われた。

私が仏教に出会ったのは3歳の時である。母が

重い病気になり、入院して手術することになった。

母は末っ子の私をおんぶして部屋の中をぐるぐる歩き、「退院して戻ってきたらまたおんぶするわね」と言って家を出て行った。その時のことは、はっきり覚えている。

そして、母は助かった。家に戻ってくることができた。母は夜休む前に観音様の前で「般若心経」と「観音経」を読むのを日課としていた。

甘えん坊の私はいつも母にくっついていたので、3歳で「般若心経」は覚えてしまったし、「観音経」の経文も、ところどころを復唱できた。

母がお経をあげていた小さな観音像は、母が嫁いでくる時に、お母さん（私の祖母）から手渡されたものだった。

祖父が37歳の若さで亡くなった時、祖母のおなかには子どもがいた。やがて生まれたその男の子を含めた5人（もうひとりは早世）を祖母は女手ひとつで育て上げた。

祖母は浄土真宗の門徒で、近角常観《ちかずみじょうかん》先生から教えを受けていた。

近角先生は、東京の本郷の求道会館で、『歎異抄《たんにしょう》』を中心に親鸞聖人の精神を説いた方で、祖母はまだ子どもだった母を連れて行くこともあった。祖母と母はとても仲がよかった。母が「近角先生が」「近角先生が」と口にしていたことを懐かしく思い出す。

私が大学院に入ってから仏教の勉強をするようになったので、祖母はとても喜んで、近角先生の著書を送ってくれたこともあった。

浄教寺での講演の演題は「親鸞聖人と私」にした。

親鸞聖人の話ばかりではなく、祖母の話や、母の話や、奈良国立博物館で私が担当した特別展「鎌倉仏教」の際に東本願寺から親鸞聖人自筆の『教行信証《きょうぎょうしんしょう》』（国宝）をお借りした時の話もしてみようと思ったからだ。

出かける前、祖母の遺影に向かって、「きょうは、これから、浄土真宗のお寺で、親鸞聖人の話をしてきます。おばあちゃんも登場しますよ」と語りかけた。

そして、さあ行くぞと思いながら、スマホを開いたら、関東に住む従兄弟《いとこ》からメールが届いていた。叔父の逝去の知らせだった。祖父が亡くなった時に祖母のおなかにいた男の子がその叔父である。

なんというタイミングなんだろうと私は思った。そして叔父のことを考えた。祖父の葬儀のあと、みんなから離れてひとりでぽつんと立っていたら、叔父が近づいて「厚君、泣きたかったら泣いていいんだよ」と言った。泣きたかったわけではなかったのだが、その言葉で私は叔父に抱きついて号泣した。

叔父は、父親を知らない。生まれた時、父親はすでにこの世を去っていた。

私の母も含め、祖母の子どもたち、6人の兄弟姉妹はすべて亡くなってしまった。でも、これでようやくみんなが一緒になれた。叔父さんは初めてお父さんに会えた。

「よかったですね」と叔父さんに言ってあげたい。

そう思いながら、私はあの時のように涙を流した。

（2022年2月2日）

御廟へ

唐招提寺の忍基《にんき》は、講堂の梁《はり》が折れる夢を見た。

眼が覚めた忍基は、これは鑑真和上《がんじんわじょう》が亡くなる知らせに違いないと考えた。

いやだ。師がいない世界で生きるのは耐えがたい。鑑真和上は、ほかのどこにもいない、最高の師だった。

弟子たちは、師が生きておられるうちに、肖像を造ることにした。師の姿をこの世に留めるために。

まず、土で師の姿を造る。その上に麻布を漆で何枚も貼り重ねていく。一番上には、師の衣をいただいて着せた。それが終わると、背中に窓を開け、中の土を取り出す。

麻布の上には木屑漆《こくそうるし》を塗って造形していく。木屑漆とは漆に木の屑《くず》を混ぜたもので、バターをトーストにバターナイフで塗るように、通常はへらを使って塗っていくものだが、それでは師との間に距離ができてしまう。木屑漆を指ですくい取り、指で塗る。まもなくこの世を去っていく師のお顔の細部を自分の指先で造り出す。

へらで塗れば平滑にきれいに仕上げられるが、指ではそうはいかない。どうしても凹凸ができてしまう。しかし、自分の指で塗ることで、師とひとつになれる。

木屑漆が乾くと彩色《さいしき》する。袈裟《けさ》を着ている師のお姿。着ふるして糸がほつれているのをその通り描いていく。眼は閉じている。まつ毛が下瞼《したまぶた》に貼りついている。

師の眼が不自由になったのはつい最近のことだった。

のちに、孫弟子の豊安《ぶあん》が、亡くなる直前に眼が不自由になったと書き残している。

眼は閉じているが、どこか遠くの何かを、やさしく見ているような、そんな表情をいつもしておられる。その通りに造ることができた。うれしい。そして悲しい。

900年後、松尾芭蕉は、この肖像を見て句を詠んだ。

若葉して御目《おんめ》の雫拭《しずくぬぐ》はばや

御目の雫とは、涙のこと。芭蕉には、鑑真和上が泣いているように見えた。柔らかい若葉で涙をぬぐってさしあげたい。

鑑真和上は泣いているのだろうか。もしも本当に泣いているのなら、何がそんなに悲しいのか。たぶん、弟子が36人も死んでしまったからだろう。

弟子たちは、全員が、日本へは行きたくないと言った。日本は遠い。百度行こうとしても着くことはない。

鑑真和上は言った。「では私が行こう」

苦難の日々はこうして始まり、師と同行することを望んだ36人の弟子が、日本に着くことなく死んだ。

死んだ弟子を思い、思わず涙ぐむ。そんなことがあっても決して不思議ではない。

天平宝字7年（763）5月6日、鑑真和上は亡くなった。日本に来て10年。76歳だった。「願はくは坐《ざ》して死なん」と言っておられた通り、西に向かって坐《すわ》り、坐ったまま亡くなった。

亡くなって3日が過ぎても頭の頂が温《あたた》かかった。

鑑真和上が亡くなった住房は講堂の西北にあり、肖像は鑑真和上が在《い》ますが如《ごと》くに、その住房に安置された。

境内の東北にお墓がある。「鑑真大和上御廟《ごびょう》」と書かれた木札が懸る小さな門をくぐると、お墓へ至る小径の左右は美しい苔で覆われている＝写真。

静謐《せいひつ》な世界に入り込むと、言葉を出すことさえためらわれる。

小径の突き当りに墳丘があり、これが鑑真和上のお墓と伝えられている。墳丘の上には、のちの時代の宝篋印塔《ほうきょういんとう》が建っている。

墳丘の前には瓊花《けいか》の木が植えられている。鑑真和上の故郷、揚州《ようしゅう》にしか咲かないといわれる瓊花。揚州市から贈られた瓊花が、唐招提寺を気に入ったのか、特に御影堂《みえいどう》の西側では大きく成長して、五月初めの連休のころに、ガクアジサイに似た白くて美しい花を咲かせる。

（2022年2月23日）

岡寺

義淵僧正

岡寺は、岡という地にあるので岡寺という。龍蓋寺《りゅうがいじ》が正式な名称である。

奈良時代には、都に官立の写経所があった。さまざまな経典を書き写すには、底本《ていほん》（手本）が必要になる。写経所にない場合には借りて来なければならない。書き写す際には、写し間違いが起きやすい。底本は、誤りのない良質な経典、善本《ぜんぽん》でなければならない。

天平12年（７４０）、写経所は各所から合わせて８１５巻の経典を借りた。借用先のひとつに岡寺があった。岡寺は42巻を貸し出している。これが岡寺が歴史の表舞台に登場した最初である。

その後、岡寺は何度も写経所に経典を貸し出しており、善本を所有していることがわかる。そのことは、由緒が正しく、しっかりしたお寺であることを示している。

『諸寺縁起集（醍醐寺本）』には、岡寺は、義淵僧正《ぎえんそうじょう》によって、国家隆泰・藤氏栄昌のため建立されたとある。

義淵は、大宝３年（７０３）から神亀５年（７２８）までの25年間、藤原京から平城京へと都が遷り、時代が移り変わっていくなか、ずっと日本仏教界のトップ（＝僧正／定員1名）であり続けた。

記録によれば、義淵は両親が観音菩薩に祈願して授かった子で、天武天皇によって、岡本宮（岡宮）で草壁皇子《くさかべのみこ》とともに養育されたという。

確かに義淵は岡の出身のようで、のちに岡本宮（岡宮）は義淵に与えられ、寺にしたのが岡寺であるという。現在地に移ったのは鎌倉時代と考えられており、初めは西方の治田《はるた》神社のあたりに伽藍の中心部があった。

義淵は法興寺（飛鳥寺）で法相唯識《ほっそうゆいしき》の教えを学んだ。

都が奈良に遷ると、法興寺も奈良に移って元興寺になったと言われるが、伽藍の中心にあった五重塔も、3つの金堂（中金堂・東金堂・西金堂）の建物も、それぞれの本尊もすべて飛鳥に残された。

「移る」という言葉の意味がわからなくなりそうだが、それはさておき、元興寺の金堂はひとつだけで、本尊は弥勒如来像に変化、その左右にふたりのインド僧（無著《むじゃく》と世親《せしん》）の像が安置された。これは法相宗特有の尊像構成である。法相唯識の教えは弥勒→無著→世親と伝えられた。興福寺北円堂も同じ尊像構成になっている。

元興寺は法相宗の寺として新たに（飛鳥の法興寺とは、ほとんど別の寺として）造られたように見える。これに関わったのは義淵であろう。

『僧綱補任《そうごうぶにん》』（僧綱は日本の仏教界を統括する役職）には、義淵の項に「法相宗興福寺」と注記がある。奈良で、義淵は興福寺僧だった。

平城京に興福寺〔藤原氏の氏寺〕を移したのは藤原不比等《ふひと》。不比等の冥福を祈って建てられた北円堂が法相宗の尊像構成になっていたことからもわかるように、不比等は法相宗を重要視しており、日本の仏教を法相宗を中心に再編しようとしていたように思われる。それに全面的に協力したのが義淵だった。

ただし興福寺の中金堂の本尊は釈迦如来像で、法相宗の尊像構成にはなっていない。この像は藤原鎌足〔不比等の父〕が造ったので、入れ替えられなかったのだろう。義淵が法興寺〔元興寺〕を法相宗の寺に造り替えたのは、そのためではないか。

義淵と不比等は密接な協力関係にあり、岡寺を創建した理由が「藤氏栄昌」〔藤原氏が栄える〕とされるのも納得できる。岡寺の別当は興福寺僧が務めることになっていた。

岡寺の本尊は大きな塑造《そぞう》の如意輪観音像。もとは左脚を踏み下げた半跏の姿だった。奈良時代に造られた東大寺や石山寺の如意輪観音像は同様の姿をしており、それらの造像に義淵の弟子の良弁《ろうべん》が関わっているのも興味深い。

『僧綱補任』には、義淵について「化生《けしょう》」〔仏の化身〕という注記もある。よほど特別な人だったのだろう。

岡寺の本堂から向かいの山道を登ると、義淵僧正の供養塔とされる宝篋印塔《ほうきょういんとう》が立っている。

〔2022年3月9日〕

真如親王の夢

斉衡《さいこう》2年（855）5月23日、東大寺の大仏の頭が落ちた。相次いだ地震のためと思われる。大仏復興は真如親王《しんにょしんのう》が担当することになった。

真如親王は平城《へいぜい》天皇の第3皇子で、出家する前は高丘《たかおか》親王といった。平城天皇が譲位し、弟の嵯峨天皇が即位すると、11歳で皇太子になった。しかし平城上皇が都を京都から奈良に戻そうとして騒動（「薬子《くすこ》の変」）が起きると、皇太子をやめさせられてしまう。

24歳で出家。東大寺に住み、道詮《どうせん》に師事して三論宗を学んだ。さらに空海の弟子にもなった。

大仏の復興にあたり、真如親王は、天下の人々に「一文《いちもん》の銭、一合の米」を論ぜず、無理なく協力してもらおう、小さな力をたくさん集めて復興するという方針を立てた。これは奈良時代の聖武天皇と同じ考え方で、のちに大仏を復興する重源上人《ちょうげんしょうにん》や公慶《こうけい》上人にも受け継がれていく。

6年後の貞観《じょうがん》3年（861）に大仏復興はなり、3月14日に開眼会《かいげんえ》（魂を入れる儀式）がおこなわれた。その日は全国の国分寺・国分尼寺でも法会《ほうえ》が開かれ、集まった人々に、

巨勢寺跡

なぜこのようなことをおこなうのか、その理由がしっかり説明された。開眼会の前後は生き物を殺すことが禁じられた。これらも真如親王の意向によるものだった。

大仏の復興がなると、真如親王は、全国の山林聖地を巡りたいと朝廷に願い出る。出家して40余年にもなるのにまだ一事も成し遂げていない、残り少ない人生をそんなふうに過ごしたいというのが理由だった。

そのあと南海道（紀伊・淡路・四国）に赴いた形跡があるが、6月には唐へ向かう。

貞観3年（861）6月19日、真如親王は奈良を出て南へ進み、巨勢寺《こせでら》（御所市に寺跡がある）に入って、そこで20日を過ごす。

同行した伊勢興房《おきふさ》の記録によれば、巨勢寺には南都七大寺の僧侶が多く集まってきて、別れを惜しんだ。

難波津《なにわづ》から船で九州へ。そこで新たに船を建造し、9月3日、総勢60人で唐へ出発した。真如親王は64歳だった。船旅は順調で、4日後に明州《めいしゅう》（現在の寧波《ニンポー》）に着いた。

そのあと越州、杭州、揚州、泗州《ししゅう》、洛陽などを経て都の長安に入ったが、師の道詮におよぶ人はいない、唐では仏教の疑義を解明できないという結論に達した。

そこで、天竺《てんじく》（インド）へ行く許可をもらい、大半の人々を帰国させて、4人で広州から天竺へ向かって船出したが、消息はそこで途絶えた。

やがて、真如親王が羅越国《らえつこく》で亡くなったという情報が伝えられた。羅越国とは現在のシンガポールあたり。のちには虎に食べられたと言われるようになるが、まったく信憑性はない。病気で亡くなったのだろう。

澁澤龍彦《しぶさわたつひこ》さんの『高丘親王航海記』は、フィクションだが、それゆえに真如親王の真実に迫る傑作。この本では、病んで死期の近いことを悟った真如親王が、羅越国と天竺を往復する虎にみずから進んで喰われ、虎の腹の中に入って天竺に至ろうとする、驚きの結末となっている。

ところで、建保７年（１２１９）、鎌倉幕府三代将軍の源実朝は、鶴岡八幡宮で殺された。実朝には27歳の妻がいた。彼女はそれからどうなったのか。53年後、80歳になった彼女（尼になっていた）が書いた置文《おきぶみ》（遺言）に、真如親王が登場する。

真如親王が命を捨ててまで仏法をひろめようとしたのは利益衆生《りやくしゅじょう》（生きとし生けるものを幸せにする）のため。真如親王は三論宗の僧。だからこの寺では三論宗を学ぼう。生まれ変わっても利益衆生をめざしていきたい。

亡くなって４００年後に、このような女性が現れたことを知れば、天竺に至る夢は実現しなかったが、真如親王の亡き魂もきっと癒されたに違いない。


（２０２２年４月13日）

大安寺のすべて　1

現在、奈良国立博物館では特別展「大安寺のすべて」が開催されている＝写真。近頃、必ずしもそうではないのに「すべて」が付く展覧会名が増えているが、これは正真正銘の「すべて」展だ。

奈良時代の前期、大安寺は日本一の寺だった。

仏教が伝わり、豪族が寺を造り始めても、天皇は造らなかった。仏教公伝から100年、初めて天皇が造った寺が百済大寺《くだらのおおでら》で、これが大安寺になる。

桜井市吉備に吉備池というため池がある。そのあたりはかつて百済と呼ばれた地で、ここに驚くほど大きな金堂《こんどう》と九重塔が建っていた。それが百済大寺である。

百済大寺の造営は639年に始まったが、まもなく舒明《じょめい》天皇が崩御してしまう。

しかし、舒明天皇の皇后（皇極《こうぎょく》天皇）と皇子（天智天皇）によって、百済大寺の造営は続けられた。

天智天皇が造立した丈六《じょうろく》（立像《りゅうぞう》なら高さ1丈6尺＝4・8メートル、坐像なら半分の8尺の像）の釈迦如来像は、もう二度と造ることのできない至高の仏像として、のちの時代にも崇敬され続けていく。

673年、舒明天皇の皇子で、天智天皇の弟の天武天皇は、百済大寺を百済の地から高市の地へ移し、高市大寺《たけちのおおでら》と名を改めた。そして4年後には大官大寺《だいかんだいじ》とさらに改名した。高市大寺（大官大寺）のあった場所はわかっていない。

藤原京の左京六条三坊（木之本廃寺）から、百済大寺の瓦と同范《どうはん》（型が同じ）の瓦が多数見つかっており、百済大寺がここに移されてきた可能性が考えられるが、いまだ確証は得られていない。

ところで、不思議なことに天武天皇の孫の文武《もんむ》天皇によって、もうひとつの大官大寺の建設が始められる。

和銅3年（710）に藤原京から平城京へ都が遷ると、大官大寺も平城京左京六条四坊に移された。霊亀2年（716）のことである。

その一方で、和銅4年（711）に大官大寺が焼けたという記録がある。

これは文武天皇が建て始めた新しい大官大寺のことで、以前から知られていた明日香村にある大官大寺跡（ここに百済大寺が移されたと考えられていた）の発掘調査で、未完成のうちに焼けてしまったことが明らかになった。

焼失した金堂は、藤原宮の大極殿に匹敵する大建築で、軒を支える垂木《たるき》が燃えながら落下して地面に突き刺さり、なおも燃え続けてきたことも確認された。

九重塔も完成前に焼失したことがわかった。

平城京の大安寺の旧境内から、新しい大官大寺の瓦と同范の瓦が出土しているが、これは大官大寺から移されたというよりも、未使用のストックが利用されたのであろう。

大官大寺はふたつあった。新しい大官大寺が完成したら古い大官大寺をそこに吸収するつもりだったのかもしれないが、そうなる前に火災が起きてしまったので、奈良に移ってきたのは古いほうの大官大寺ということになる。

そのため平城京の大官大寺には、皇極天皇や天智天皇が百済大寺に施入した仏像や繡仏《しゅうぶつ》（刺繡で表わされた仏像）も安置されていた。

こんなふうに、大官大寺は天皇が初めて造った大寺であり、歴代の天皇が造営に尽力した特別な寺だった。

やがて大官大寺は大安寺と名前を改めるが、奈良時代のまさに「大安寺のすべて」を知ることができる最高の資料が残っている。

天平19年（747）に作成された「大安寺縁起《えんぎ》幷《ならびに》流記《るき》資財帳」である。

これは大安寺が国に提出した公文書で、大安寺の草創からの歴史や、その時点で所有していたすべてのもの（正真正銘「すべて」）について、詳細に記している。

僧侶は、なんと887人もいたことがわかる。

（2022年5月11日）

大安寺のすべて 2

平安時代の終わりが近づいた頃、奈良の寺々を巡拝した京都の貴族がいた。その大江親通《おおえのちかみち》が書いた『七大寺巡礼私記』を読むと、薬師寺にやって来た親通は、こんな感想を漏らしている。

大安寺の釈迦を除くと、この寺の仏像や荘厳《しょうごん》（かざり）は諸寺よりも勝《すぐ》れている。

現在、私は薬師寺本尊の薬師如来像を最高の仏像だと思っているが、親通は大安寺の釈迦如来像（現存しない）のほうがもっと素晴らしいと思ったようだ。

天平19年（747）の「大安寺資財帳」によれば、この釈迦如来像は、丈六《じょうろく》（立像《りゅうぞう》なら高さ1丈6尺＝4・8メートル、坐像《ざぞう》なので半分の2・4メートル）の乾漆像（漆と麻布で造った像）で、天智天皇によって造られたことがわかる。

つまり、舒明《じょめい》天皇（天智天皇の父君）が創建した百済大寺《くだらのおおでら》に安置されていた仏像で、やがて天武天皇が高市大寺《たけちのおおでら》（大官大寺《だいかんだいじ》）へ移し、さらに平城遷都に伴って奈良にやって来た古仏である。

大安寺の釈迦如来像について、親通はこう記す。

右足を下、左足を上にして坐《すわ》っている。手は迎接印《ごうしょういん》。素晴らしいお姿をしており、霊山《りょうぜん》（霊鷲山《りょうじゅせん》）におられるお釈迦さまと少しの違いもない。

インドの霊鷲山でお釈迦さまは説法をした。そのお釈迦さまのお姿そのままということは、大安寺の釈迦如来像は本物のお釈迦さまの姿を表わしているということになる。そのため釈迦如来像を造る時にはこの像が規範とされた。

ところで、薬師寺の薬師如来像は、右手をあげ、親指と人差し指で輪を作っている。これが迎接印である。そして左足を上にして坐っている。

大安寺の釈迦如来像は乾漆造、薬師寺の薬師如来像は金銅造なので、素材は違うが、たぶん姿はかなり似ていたと思われる。

日本一の仏像、大安寺の釈迦如来像。このお釈迦さまは庶民の願い事をすみやかに叶えてくれる仏様でもあった。

聖武天皇が狩りをし、追われた鹿が人家に逃げ込んだ。その家の人はそんなこととは知らずに食べてしまい、捕らえられた。連行される時に大安寺の前を通る。大安寺の僧に頼んで門を開けてもらい、釈迦如来像を拝んだら、聖武天皇に皇子が誕生したので、大赦があって釈放され、お祝いの品までもらった。

貧しい女性が、大安寺の釈迦如来は願い事をすみやかに叶えてくれると聞き、お香とお花と燈火のための油をお供えしたら、家の前にお金が置かれていた。紙切れに大安寺と書いてあったので届けたところ、次の日にも置かれていた。また大安寺に届けると、事情を聞かれ、説明したら、「これは釈迦があなたに与えたお金だから受け取れ

大安寺南門

ない」と僧は言った。そのお金を縁として、女性は富むことができた。受け取れないと言った大安寺の僧も素晴らしい。

ふたつの話は、いずれも『日本霊異記《りょういき》』に収められている。こういう話を読むと、大安寺の釈迦如来像に、ますます心をひかれてしまうが、残念なことに、今はもうおられない。

平安時代、寛仁元年（1017）に火災があり、伽藍の大部分が焼失した。幸いに、この時には釈迦如来像は救出されたが、そのあと大安寺は被災と復興を繰り返し、徐々に衰えていく。そして江戸時代には廃寺になってしまった。

延宝3年（1675）には「金堂講堂もたふれしまゝにて（中略）、諸堂の跡は田にも作らず、畑にもうたで、春は草のみ生茂《おいしげ》り、秋は虫のこゑあはれを催す」（『南都名所集』）という状況で、仏像は小さな建物に積み置かれていたという。

明治25年（1892）に奈良県に提出された「寺院明細帳」には、「本尊無之」とある。本尊とは釈迦如来像のこと。松永久秀の兵乱で焼失したと注記されている。

もしも、タイムマシンが開発され、自由に過去に戻れるなら、真っ先に大安寺のお釈迦さまに会いに行きたい。

（2022年5月25日）

大安寺のすべて　3

奈良時代の前半まで、大安寺は日本一の寺だった。本尊の釈迦如来像は、最高の仏像だった。しかし、次第に衰えて、江戸時代には、ついに廃寺になってしまった。

現在、大安寺には、奈良時代に造られた、9体の木彫の仏像がお祀《まつ》りされている。

天平19年（747）に作成された「大安寺資財帳」、この時点における大安寺のすべてが記されている古記録に、この9体の仏像は見当たらない。まだ造られていなかったからである。

「大安寺資財帳」に記載されている仏像は、乾漆造（麻布と漆で造る）・金銅造（銅で造って金メッキする）・塑造（土で造る）、あるいは繍仏（刺繍で造る）などで、木彫像がない。

現存する9体は、奈良時代後期に造られたもので、いずれもカヤの一材で本体から台座までのすべてを彫り出しているが、手は失われており、のちの時代に補った手に代わっている。本尊の十一面観音像の場合には、お顔ものちの時代のものなので、当初から十一面観音であったかどうかわからない。

私にはずっと以前から気になっていることがある。

どの本にも「手は江戸時代の後補」と書いてあるが、江戸時代のいつ頃、どのようにして補ったのだろうか。

仏像の修復がおこなわれるのは寺の復興期が多い。しかし「金堂講堂もたふれしまゝにて」（『南都名所集』）と描写される江戸時代に、そのような時期は見当たらない。

ただ『和州旧跡幽考』には「わづかに一むかしにやなりけん、阿誰という盲人あり。霊跡の絶《たえ》なんをなげき、観音の像一軀のこらせ給ふを修補し、わづかに二間四面の堂を建立《こんりゅう》し、大安寺のしるしとなせり」とあって、仏像修復の話が出てくるが、9体すべてを現状のように修復した記事とは読み取りにくい。

そんな時に、堅雄上人《けんゆうしょうにん》に出会った。

堅雄は、寛政8年（1796）、徳島の佐古で生まれた。その後、高野山で修行し、高野山の麓の学文路《かむろ》で仏像を彫り、江戸へ出て室泉寺の復興を果たし、徳島に戻って、明治7年（1874）に79歳で亡くなった。

堅雄は、奈良を訪れた際、廃寺になっていた大安寺の姿に衝撃を受けた。弘法大師が「大安寺を本寺とせよ」と遺言していた（とされる）からである。

それ以来、大安寺の復興が堅雄の悲願となった。

ここまでを知った時に、大安寺の仏像の修復をしたのは堅雄ではないか、とひらめいた。しかし、残念ながらそうではないようだ。

堅雄は大安寺の住職になってはいないし、各地で仏像を造っているが、大安寺の仏像の後補部分と作風が違う。

大安寺本堂

大安寺は西大寺の末寺になっていたので、廃寺になったあとは、同じく末寺の般若寺と海龍王寺が管理していた。その時期に仏像の修復がおこなわれたのかもしれない。そんな可能性を探っている。

堅雄がみずから刻んだ肖像が、大安寺の本堂の本尊の向かって右に安置されている。これは東京の室泉寺から移されたものである。

ところで、堅雄が学文路に住んでいた時にお世話をしたのが西山家の人々だった。

私の曽祖父のさらに父母、西山基三郎と智恵が面倒をみていたので、堅雄が造った仏像が西山の本家に今もある。

私は徳島生まれで、8歳まで堅雄が生まれた佐古に住んでいた。さまざまなつながりに驚くばかりだ。

晩年の堅雄が刻んだ大きな印章が大安寺にある。

印文は「我有一大願／南都大安寺／遺告有祖命／復古再建立／後生必成焉」

我にひとつの大願あり。それは大安寺の復興。今生《こんじょう》では叶わなかったが、生まれ変わって必ず成し遂げる。

復興した大安寺をみて、きっと喜んでいることだろう。

（2022年6月8日）

大安寺のすべて 4

江戸時代に廃寺になった大安寺は、明治になってようやく復興が始まった。

明治16年（1883）には、内務省の許可を得て、仮本堂と庫裏《くり》が建てられた。

その前年に作成された「大安寺什物《じゅうもつ》并《ならびに》寄附品簿」を見ると、いま大安寺に安置されている9体の仏像（いずれも奈良時代）が、大安寺村の地蔵堂から帰ってきたとある。

正《しょう》観世音2体（現在の聖《しょう》観音と楊柳観音）、十一面観世音1体、六手観世音2体（現在の馬頭観音と不空羂索観音）、四天王4体。

失われていたお顔や手が、この段階で、すでに補われていることを確認できる。

奈良国立博物館の特別展「大安寺のすべて」の看板やポスターに使われていた一番人気の楊柳観音は、当時は正観世音と呼ばれていた。

この像は、明治25年（1892）に大安寺が奈良県へ提出した「寺院明細帳」では、楊柳観世音となっている。何かを握っているような右手のポーズが、柳枝を握る楊柳観音を思わせたからであろう。

六手観世音と呼ばれている2体については、馬頭観音の手は確かに6本だが、不空羂索観音の手は8本あるので、数え間違えたのだろうか。

寄附台帳

明治25年（1892）の寺院明細帳に「門、無之」「境内仏堂、無之」と記されていた大安寺では、そのあと石堂恵《え》猛《みょう》師のもとで、復興のための寄附集めが始まる。大安寺再興事務所の「寄附台帳」には、全国各地の寺院の名と寄附金額が記されている。

トップバッターは香川県の善通寺。弘法大師空海の生誕地である。弘法大師の御遺告《ごゆいごう》に「大安寺を本寺とせよ」とあり、その大安寺の復興のために真言宗寺院は力を合わせようという趣旨の勧進《かんじん》だった。

二番目は京都の教王護国寺（東寺）。善通寺は一千円（現在の二千万円くらい?）、教王護国寺は五百円だが、小さな字でそれぞれ「内実五百円」「内実二百五十円」とあり、しかも分割払いになっていて、いずれも支払いが終わっていない。

明治の終わりから大正の初めにかけての時期は、どのお寺も経済的に苦しかったことがうかがえる。

ほかにも事情があって、大安寺の復興は、計画通りには進まなかったようだ。大正3年（1914）5月には、石堂恵猛師が、寄附してくれた諸寺に対してお詫び状を出したようで、その草案が大安寺に残っている。

現在の本堂が完成したのは大正10年（1921）のことである。

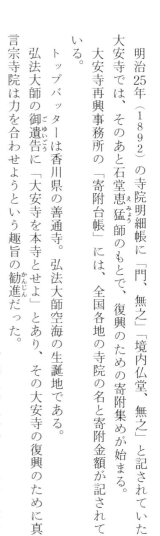

ところで、分厚い寄附台帳をめくっているうちに「奈良市三笠山鶯滝《うぐいすのたき》興福寺別院」が目に留まった。春日山原始林の鶯滝。そこに興福寺の別院があるとは知らなかった。

『奈良公園沿革便概』を見ると、明治35年（1902）に、鶯滝の東北の地所を興福寺に貸与、興福寺はそこに練行《れんぎょう》場を建設し、歓喜天《かんぎてん》を祀《まつ》ったと書かれていた。

行ってみると、あった。しかし、廃寺になっていた。お堂が撤去されたのは10数年前のことらしい。

大きく「歓喜天」と刻まれた燈籠に「明治三十七八年日露」「陸海軍武運長久」とある。狛犬の台座にも「祈陸海軍安全」とあって、ちょうど始まった日露戦争と、それ以降の戦いの勝利を祈る場所になったようだ。

寄附台帳に記された住職は吉岡知一さん。今も残る鐘楼は、吉岡さんの七回忌にあたる大正14年（1925）に建てられたもの。

吉岡さんは、大正5年（1916）5月2日に10円（分割払いの3回目）を支払い、5月16日に手水屋の棟札を書いている。その頃はまだお元気だったのだろうが、分割払いの支払いを完了することなく、大正8年（1919）に亡くなられた。

創建。衰退。廃寺。復興。大安寺の長い歴史をたどりながら、短かった興福寺別院の日々にも思いをはせた。

（2022年6月22日）

5

続いてゆく物語

大仏さまと子どもたち

幼稚園の子どもたちに、奈良の歴史や文化を伝え始めて、20年が過ぎた。

大仏さまの話をすることが多いのは、大仏さまは誰でも知っているからだ。

こんなふうに話を始める。

大仏さまの誕生日はいつでしょうか?

子どもたちは一斉に手を挙げたり、叫んだりする。

おとなと子どもの違いは、おとなは思っても口にしないが、子どもは思ったことがすべて口から出てしまう。それが楽しい。楽しいからどんどんしゃべってもらう。それを聴き取りながら話を進めていく。

聖徳太子は10人が言うことを聴き取れたそうだが、私も30人くらいはだいじょうぶ。聖徳太子は10人の（込み入った）「訴え」を聴き取れたのだから、本当はまったくレベルが違うが。

大仏さまの誕生日。子どもたちは（知らないのに）次々に答えてくれる。

正解は4月9日。仏像は造っただけではただの作り物。魂を入れた時に初めて仏さまになる。大仏さまに魂が入ったのは天平勝宝4年（752）4月9日だから、誕生日は4月9日ということになる。たまに4月9日生まれの子どもがいて、「○○ちゃんと一緒だ！」と大騒ぎになったりするのも楽しい。

では何歳でしょうか？

子どもたちは5歳か6歳。自分と比べてずっと大きいから、思い切って「30歳！」と叫ぶ。「違います。もっと上ですよ」「１００歳！」「違います。もっともっと上ですよ」。否定されると子どもたちは興奮する。それもかわいい。

正解は１２７０歳。「えええ〜っ」と叫ぶ子どもたち。１２７０歳。ものすごい歳なんだと受け取るのだろう。

おみぬぐい

おみぬぐいの写真を出す。大仏さまをきれいにするお掃除の様子。「頭の上に乗ってる人がいる！」「よく気がついたね。どうやって登ったのでしょうか？」「はしごで」「違います。そんなに大きなはしごはありませんよ」「ロープで」「違います」興奮が続く。

「大仏さまの背中には秘密の扉があります」「ええ〜っ」「そこから中に入れます」「ええ〜っ」「中には大きなジャングルジムがあります」「ええ〜っ」「それを登っていきます」「ええ〜っ」「でも中は真っ暗」「懐中電灯！」「懐中電灯を持つと登りにくいよ」「おでこにライト付ける」子どもたちはなんでもよく知っている。

「どんどん登っていくと、顔のなかに入っていきます。一番上まで行くと、頭のてっぺんがパカッとあきます」「ええ〜っ」「そこから頭の上に出られるんだよ」

大仏さまを造ったのは誰でしょうか？

「聖武天皇！」「よく知ってるね。じゃあ、聖武天皇はどうして大仏さまを造ったのでしょうか？　あんなに大きいの造るの大変だよ」「みんなが病気しないように」「みんなを救うため」「ほお〜、いい答えだけど、みんなって誰のこと？」

微笑ましいやり取りを思い出す。「〇〇幼稚園の子どもと先生と」と女の子が言い始めたので、「〇〇幼稚園の人たちだけなの？」と言ってみると、失敗したと気づいたようで、「違う！　世界中の人」とあわてて言い直すと、となりの女の子が「えっ、外国の人も？」と驚いていた。

聖武天皇は、人間だけではなく、すべての動物・植物の幸せを願って大仏さまを造った。草とか木とかお花とかの幸せって難しいかなと思いながら話していたら、ひとりの男の子が「命がある！」と叫んだのには感動した。

そう、命がある。生きてるんだから、人間には草とか木とかお花の気持ちはなかなかわからないけれど、生きてるんだから、うれしかったり悲しかったりするだろうね。

こんなふうに話は続いていく。大仏さまが2度焼かれたとか、それをどんなふうに復興したかとか、先の展開が予測不可能な60分一本勝負だ。

（2022年7月6日）

西江水

7月8日は父の祥月命日なので、前日の7日に父の書を掛けた。

「西江水」（せいこうのみず）。

中国の唐の時代に馬祖道一《ばそどういっ》という禅僧がいた。

ある人が質問した。

「萬法《ばんぽう》と侶《りょ》たらざるもの、是《これ》、なん人ぞ?」

萬法とはあらゆる存在のこと。侶は伴侶の侶。つまり、あらゆる存在と伴侶にならない人ってどんな人か？　という問いである。

馬祖道一は、西江の水を一口で吸い尽くしたら教えてやろうと言った。大河の水を一口で吸い尽くす。できるはずがないが……。

その人は、それを聞いて、それを聞いただけで、悟りを開いた。

質問に対する答えはいらなかった。

禅の世界ではよく知られた逸話である。

宇宙のすべてを飲み干す。自然とひとつになる。いろんな解釈がなされているが、そんな解釈はどうでもいい。質問に対する答えがいらなかったように、解釈も必要ない。

「西江水」の上に「一口吸尽」あるいは「吸尽」を付けて書かれることが多いが、父は省いた。そのほうがいい。付けるとただの説明になってしまう。

茶室の床に父の書を掛けてしばらく見入っていたが、ふとあることに気がついた。廊下を隔てたとなりの部屋に父と母の遺影を祀《まつ》っているのだが、ふたつの部屋のふすまを互い違いにあけると、遺影から父の書が見える！　遺影の前で、遺影に背を向けて、父の気分になり、母の気分になり、「西江水」を眺めてみた。

「西江水」の「水」の字が水が流れているみたいで、なかなかいい。西江の水は吸い尽くす必要がない。飲み干す必要がない。飲める飲めないの問題ではなく、初めから飲む必要がない。西江は今も滔々《とうとう》と流れている。

夜が明けて7月8日になった。兄とふたりの姉が奈良にやって来る。父が亡くなって27年。末っ子の私を含めた4人、お墓参りを欠かしたことは一度もない。

お墓に集合しようとしていたお昼前、西大寺駅まで来た兄から緊急の連絡があった。

安倍元首相が撃たれた!!

あとになって、上の姉が「私たちの7月8日が世界に広がってしまった」と書いていたが、本当に思いも寄らぬ一日になっていく。

安倍さんは17時3分に亡くなった。報道によると、妻の昭恵さんは16時56分に病院に到着したそうなので、間に合ったことになる。私にとってそれが小さな救いとなった。

実際には、たぶん、昭恵さんが到着するまで延命措置が続けられていたということだろうが、最後に手を握り返してくれたと昭恵さんが葬儀で挨拶されていたので、間に合ったと言ってもよいと思う。

27年前の7月7日の昼、「(お父様は) 今夜を越すのは難しい」と医師に宣告された。病室には母とふたりの姉がいて、私もいたが、兄がいなかった。仕事を終えて夕方に来ることになっていた。

「お父さん、がんばって。もうじき克《まさる》も来るから!」

母と姉が叫んでいる光景がフラッシュバックした。

27年前の7月7日の夜、家に電話したが出ない。固定電話の時代、こんな大事な時に電話の傍にいないいなんてとイライラしながら何度もかけていたら、ようやく当時4歳の長男が出て、こう言った。

「お父さん、僕たち、お星さまを見てたんだよ」

七夕。あの時の声もよみがえり、心が千々《ちぢ》に乱れた。

あらゆる存在と伴侶にならないとは、何物にもとらわれないということだろうか。何物にもとらわれない。もちろん自分自身にもとらわれない。この世界のすべてをそのままやさしく受け入れる。そして西江のように滔々と流れていく。

この数日、父の書と向かい合っている。

(2022年7月20日)

源頼朝と東大寺大仏殿

治承4年（1180）12月28日、奈良に攻め入った平重衡《しげひら》は東大寺と興福寺を焼いた。平家に随《したが》わないのは、あとはもう奈良の寺々だけ。平清盛は息子の重衡を奈良へ遣わしたが、焼けと命じたわけではなかった。

東大寺は、大仏殿、講堂、僧房、戒壇、食堂《じきどう》、廻廊、鎮守八幡宮、尊勝院、東南院、真言院など、主な建物のほとんどが焼け、大仏も焼けた。

摂政や関白を歴任した九条兼実《かねざね》は、日記に「悲哀、父母を喪《うしな》ふよりも甚し。天を仰いで泣き、地に伏して哭《な》く」と悲痛の思いを記している。

大仏が焼かれてから2か月余りが過ぎて、清盛が熱病で亡くなった。あまりの高熱に冷水をかけたところ、熱湯になって飛び散ったという。

「大仏を焼いたからだ」と人々はうわさした。

清盛が死ぬと、大仏復興の動きが始まった。しかし、大仏の復興、大仏殿の再建は、財政的にも技術的にも困難に思われた。その時、重源《ちょうげん》が登場した。

重源は勧進《かんじん》による復興を提案し、後白河法皇によって承認された。重源と多くの仲間たちが、全国各地をまわり、寄付を募った。重源は中国の人々ともつながりがあり、すぐれた技術をもつ陳和卿《ちんなけい》に、大仏復興・大仏殿再建を指導してもらう。

後白河法皇の支援のもと、大仏復興は比較的スムーズに進んだ。そして、壇ノ浦で平家が滅んだ5か月後の文治元年（1185）8月28日、完成した大仏に魂を入れる開眼《かいげん》法要が営まれた。魂は、高僧が筆で入れる。奈良時代に大仏に魂を入れた大きな筆は正倉院に保管されており、それを手にして大仏に魂を入れたのは、後白河法皇自身だった。

東大寺大仏殿

しかし、大仏殿の再建は、困難を極めた。大仏殿を建てるには、当然ながら、大きな木がたくさん必要だ。周防《すおう》国（山口県）から運んでくることになったが、人手の確保が難しく、妨害する勢力もあって、重源は断念せざるをえない状況に追い込まれた。
そんな苦境を救ったのは、源頼朝だった。奥州藤原氏を滅ぼし、足かけ10年に及ぶ戦《いくさ》を終わらせた頼朝は、大仏殿再建に積極的に関わるようになる。
重源に宛てた頼朝の手紙を見ると、仏の敵である清盛、仏教を護る頼朝、その対比を明確に示しているが、それは決してパフォーマンスではなく、尋常ならざる信心深さこそ、頼朝の本質だった。
頼朝は、佐々木高綱を奉行として、御家人を材木輸送に動員することにした。

そして、大仏の周囲に安置する脇侍《きょうじ》像と四天王像の造立《ぞうりゅう》を有力御家人に割り当てた。たとえば増長天像は運慶、広目天像は快慶が制作したが、増長天像は畠山重忠が、広目天像は梶原景時が、その費用を負担した。

大仏復興から10年、ついに大仏殿は完成した。

建久6年（1195）2月14日、東大寺の法要に参列するため、頼朝は、政子、大姫《おおひめ》、頼家を連れ、鎌倉を出た。大姫を同伴したのは、幼い時にいいなずけになった木曽義高（義仲の子）が殺されたことで心を病んだ大姫を入内《じゅだい》させたい（後鳥羽天皇に嫁がせたい）、その下工作のためだったと思われる。

3月12日、東大寺供養がおこなわれた。後鳥羽天皇、頼朝、政子、大姫、頼家らが参列し、数万の武士が周囲を警護した。

しかし、大姫の入内は叶わず、2年後、大姫は亡くなった。まだ20歳だった。その2年後、頼朝も亡くなった。

鎌倉から奈良まではおよそ1か月。往復の長い時間を、頼朝、政子、大姫、頼家は、どのように過ごしたのか。

4人は、どこで何を食べ、何を語り、どんな未来を夢みたのか。4人が見た夢は何ひとつ叶わなかったが、これが最初で最後の遠方への家族旅行、もう二度とない幸せな日々だったに違いない。

（2022年8月24日）

明神山から

王寺町にある明神山《みょうじんやま》は標高273・6メートルで、そんなに高い山ではないが、山頂まで登ると、360度に視界が開けて、とても眺めがよい。

単に眺めがよいばかりではない。そこに見えるものが、奈良の歴史、日本の歴史を語るうえで大切なものばかり。世界遺産だけでも5つも目にすることができる。

展望台にあがり、まず南から眺めてみよう。

目の前に二上山《にじょうざん》。二上山といえば、ラクダのこぶのようなふたつの峰があり、そこへ夕陽が沈んでいく光景が美しいが、ここでは真北から眺めるので、ふたつのこぶが重なっている。

二上山の東麓には當麻寺《たいまでら》。極楽浄土の様を織り出した當麻曼荼羅が伝えられている。

二上山の向こうに葛城山と金剛山が見える。葛城山の東麓は葛城氏が活躍した場所。古い神社や古墳が多い。

『古事記』と『日本書紀』に、一言主《ひとことぬし》の神と雄略天皇が葛城山で出会う場面があり、一言主の権威の低下、天皇（大王）の権威の高まりがうかがえて興味深い。

視線を左に振ると、大峰山（山上ヶ岳《さんじょうがたけ》）が目に入る。山岳信仰、修験道の聖地だ。

役行者《えんのぎょうじゃ》は葛城山で修行し、葛城山から大峰山（金峯山《きんぷせん》）へ橋を架けようと、一言主をこき使った話を思い出す。

さらに左方へ目をやると、大和三山が見えてきた。畝傍山、天香久山、耳成山。畝傍山の向こうが飛鳥で、3つの山を含むあたりが藤原京だ。

さらに左（北）へ進めると、高見山の雄姿があり、三輪山も見える。麓には大神神社。近くに箸墓がくっきりと見える。卑弥呼の墓ともいわれる前方後円墳。

さらに左へ視線を動かすと若草山が見えてきた。木が生えていないので見つけやすい。設置してある望遠鏡（無料！）をのぞくと大仏殿や二月堂が美しく見える。

710年、藤原京から平城京へ遷都。あそこからあそこへ遷ったんだなと一目で確認できるのが素晴らしい。

西側の展望台へ移動する。

目の前には古市と百舌鳥《もず》の古墳群。手前に応神天皇陵（誉田御廟山古墳《こんだごびょうやま》）、遠くに仁徳天皇陵（大山古墳《だいせん》）が見える。

明神山の北を流れる大和川は、河内平野に入ると、かつては流路を大きく北へ向けていた。明神山の真下が地滑りで恐れられた亀の瀬だ。

仁徳天皇陵の向こうに淡路島が大きく広がっている。日本列島の長男。明石海峡大橋もきれいに見える。さらに右方へ視線を動かすと、あべのハルカスが見えてきた。

北側の展望台へ移動する。

明神山の北側の展望台からの眺め

目の前に信貴山。その右に生駒山。信貴山は二上山のようにふたこぶがある山だが、ここからだと、やはりこぶが重なっている。

生駒山の右手奥には比叡山が見える。これはうれしい。

右へ。松尾山を過ぎると、遠くに若草山が見えてきた。ウワナベ古墳も見える。

右方には大仏殿、左方には信貴山。ふたつを視界の両端に置くと、国宝の絵巻「信貴山縁起」が浮かんでくる。

平安時代、信貴山で活躍した命蓮《みょうれん》上人は、飛ぶ鉢を使ってケチな長者の米倉を信貴山まで飛ばして懲らしめたり、醍醐天皇の病気平癒を信貴山で祈り、そのあかしに剣の護法を宮中へ飛来させたり。

信濃に住む命蓮上人の姉が弟に会いたくて奈良にやって来る。大仏殿に泊まり、大仏さまに教えられて信貴山へ。お寺を訪ねると、「あれ、ねえちゃん、どうしてここに？」と言わんばかりに振り向いた命蓮上人がかわいい。

大仏殿と信貴山をじっと見る。ひとつひとつの場所は点として存在するが、明神山ではそれを線でつなぐことができる。線でつなぐとやがて面にもなり、広がって、厚みができる。そして、次第に物語に血が通い、時間を超えて、私のものになっていく。


（2022年9月21日）

忍性と鎌倉

宝治元年（1247）、奈良の西大寺で、叡尊《えいそん》と8人の弟子は誓いを立てた。弟子のひとりが忍性《にんしょう》である。

お釈迦さまの誓いに学び、穢悪《えあく》充満（穢《けが》れや悪ばかり）の国土で、仏の世界から見放された人々に対してさまざまな手立てを尽くし、「無仏の国」（＝穢悪充満の国土）においてて幸せにしよう。

興法利生《こうぼうりしょう》。本当の仏教をさかんにして、みんなを幸せにする。叡尊グループがめざすのはこれ。しかし、さまざまな迫害を受ける。

この誓いの最後にも、誓いに随喜する人（喜んでくれる人）はほとんどおらず、嘲弄《ちょうろう》する輩《ともがら》（あざ笑う人）が多いだろう、とある。

5年後、36歳の忍性は関東へ向かった。師の叡尊は、忍性は無仏世界の衆生を度さんがため行ったと語っている。度すは救うの意味。まだ仏教が盛んではない関東へ。5年前の誓いを忍性は本当に果たそうとする。

忍性は、常陸国（現在の茨城県）の三村寺で9年を過ごしたのち鎌倉に移り、北条重時の葬儀の本当に導師をつとめた。

極楽寺

重時は北条義時の子。大河ドラマ「鎌倉殿の13人」では、堀田真由さんが演じる比奈との間に生まれた子である。

そして、重時の七回忌を機に、重時の子の長時と業時の招きで、忍性は重時の菩提寺である極楽寺に住した。

極楽寺の本尊は、釈迦如来像。生身《しょうじん》の釈迦如来として特別な信仰を集める、京都の清凉寺の釈迦如来像を模刻した像である。

忍性は、鎌倉幕府から和賀江島の港の管理を任された。そして、出入りする船から、使用料として関米《せきまい》をとる権利を得た。

文永9年（1272）、忍性は十種の大願を立てた。

たとえば、①力の及ぶ限り仏教を盛んにする。④輿《こし》や馬に乗らない。⑥孤独・貧窮・乞食《こつじき》・病人・障害者・道に捨てられた牛馬も憐れむ。⑦道や水路を造り、橋を渡し、薬草や樹木を植える。⑧誹謗する者も善友とし、救済する。⑨食事は簡素にする。⑩功徳をわが身に留めず、十方衆生に施し、悪趣に堕ちた者の苦しみを代わって受ける。

言うは易いが実行するのは難しい。輿や馬に乗らないは今なら車に乗らないこと。簡素な食事を心がけている僧侶はどれくらいいるのだろう。

牛馬も憐れむの誓い通り、忍性は極楽寺の傍に馬の病院をつくった。日本で初めての動物病院である。

道を造り、橋を渡し、その通行料を、港の使用料とともに、忍性は福祉活動の財源とした。誹謗する者も善友とし、救済する。自分を誹謗中傷する人も善き友とし、その人の救済に尽力する。これはなかなかできないだろう。功徳を決して自分のものとはせず、地獄や餓鬼道に堕ちた人々の苦しみを、代わって受ける。

かつて、日本には、こんな僧侶がいたのだ。

鎌倉に飢饉が発生した時には、忍性は50余日、飢えた人々に粥を施した。

弘安10年（１２８７）、忍性は病院をつくり、みずから問診した。この病院でその後の20年間に治癒した人は４万６８００人に及んだ。

病院の運営資金として、執権の北条時宗は、土佐国の荘園を寄進した。

嘉元元年（１３０３）、忍性は87歳になった。この年は雨が降らず、草木も枯れた。

忍性が身命を捨てる思いで祈ると、雨が降った！

しかし、力尽きた忍性は病み、釈迦如来に向かって坐ったまま動かず、亡くなった。

こんな忍性を、同時代の日蓮は強く非難した。使用料や通行料を福祉活動の財源にするのは「かへって人の嘆きなり」と書いている。

福祉目的で消費税の税率を上げるのと似ている。昔も今も福祉にはお金がかかる。どうやって経費を捻出するかは難しい問題だ。

師の叡尊は忍性を「慈悲が過ぎた」と評した。

（２０２２年10月５日）

正倉院展

奈良の秋の風物詩。今年も正倉院展が始まった。

正倉院展には毎年違う宝物が出陳される。と言っても、ずっと違うものが出続けるわけではなく、しばらくすると再登場するのだが、原則として10年間は同じものを出さないことになっている。

正倉院から奈良国立博物館にやって来て、たくさんの人にジロジロ見られると、とても疲れる。だから少なくても10年間は静養する必要がある、と私は説明している。

10年が過ぎると、それぞれにまた出番が巡って来る。

今年の展示品を見ると、平成19年（2007）から23年（2011）に出たものが半数を占めている。

たとえば、全浅香《ぜんせんこう》。長さが1メートルを超える大きな香木で、聖武天皇の遺愛品。平成20年（2008）以来、14年ぶりである。

その年の4月1日、私は奈良国立博物館の学芸部長になった。正倉院からお借りする宝物の点検は、学芸部長が中心になっておこなう。正倉院のなかで、緊張しながら、ひとつひとつ、時間をかけて点検したことを思い出す。

正倉院の香木でもっとも有名なのは蘭奢待《らんじゃたい》。織田信長が蘭奢待を截《き》った時、東大寺は大サービスで全浅香も運んできた。しかし、信長は先例がないという理由で截らなかった。意外にも信長は、先例を重んじる礼節ある人だった。

鉄三鈷《てつのさんこ》とその箱は平成23年（２０１１）以来、11年ぶりである。

密教の修法《しゅほう》に使う法具の形は、平安時代になると大きく変化する。これは奈良時代特有の形。両端の鋭い三叉《さんしゃ》の鈷に目を奪われるが、その形通りにわざわざ作った素木《しらき》の箱がまたなんとも素敵で、奈良時代の評価は、その箱を見るだけで爆上がりする。

この年の3月11日、東日本大震災が起きた。大地震と津波。その7か月後に開催された正倉院展のポスターには「美という灯《あか》りを、いまの日本へ」と記されていた。

敗戦から間もない昭和21年（１９４６）秋、最初の正倉院展が開かれた折に、見に来られた方々は、異口同音に「生きる力が湧いた」と語ったそうだ。戦争ですべてを無くした人たちに、正倉院宝物は生きる力を与えた。

大震災の被災者の方々に正倉院展は果たして意味を持ちうるのだろうか。あの時、それが私の課題だった。

前回、この宝物が出た時、私はどうしていたのか。正倉院展は、そんなことを考えさせてくれる唯一の展覧会だ。

そうして、その宝物が次に出るのがまた10数年後だとすると、そのとき私は生きているだろうか。そんなことも考えてしまう。若い時には思わなかったが、そう思い始

めると、ひとつひとつの宝物が、さらに愛おしくなってくる。

今年、出ているもので、私がとりわけ大切に思うのは、天平2年（730）度の隠伎《おき》（隠岐）国の郡稲帳《ぐんとうちょう》である。

奈良時代には、隠伎島はひとつの国（今の県）だった。すべての国は前年度の収支決算報告書を都に提出する義務がある。それが正税《しょうぜい》帳であったり郡稲帳であったりする。今ならデータで送れるが、当時は紙に書き、都まで届けなければならない。隠伎島から船に乗り本州へ。そこから奈良までは遠い道のりだ。

公文書は、保存期間が過ぎると、文字が書かれていない裏面を事務書類用に使った。たまたま写経所《しゃきょうじょ》（写経をする国の役所）に回ってきた隠伎国郡稲帳も、裏面が事務書類として利用された。その後、わけあって、写経所の事務書類は一括して正倉院に仮置きされ、そのまま忘れられたために、今日まで伝わった。

その文字が素晴らしい。都から遠く離れた隠伎国の役人の書が、感動的なまでに見事である。奈良時代のレベルの高さが本当によくわかる。

鳥とか、魚とか、象とか、鹿とか、かわいい動物たちにも出会えて、今年の正倉院展は楽しい。

（2022年11月2日）

田原へ

11月6日、田原《たわら》公民館の創立50周年の記念講演会で話をさせていただいた。田原は奈良市の東部、山の向こうにある。標高400～500メートル。茶畑が広がり、初めて行っても懐かしさを感じる地区である。

その田原には、3人の古代の有名人のお墓がある。古事記を書いた太安万侶《おおのやすまろ》。そして志貴皇子《しきのみこ》と光仁天皇。

志貴皇子といえば、すぐにこの歌を思い出す。

石《いわ》ばしる垂水《たるみ》の上のさ蕨《わらび》の萌え出づる春になりにけるかも

たぶん中学の国語の授業で習ったと思う。

垂水は滝のこと。雪解け水なのか。春になって蕨が顔を出した。あるいは蕨が顔を出したから春になったのか。「志貴皇子の懽《よろこび》の御歌《みうた》一首」とあり、春を見つけた喜びの歌。春を感じた喜びの歌。とてもいい。万葉集のなかでも屈指の名歌だと思う。

授業では「垂水の上のさ蕨の」の3つの「の」の重なり効果について説明を受けた。ただ、意図的に「の」を3つ重ねたわけではなく、自然にそうなって、本人もそれを気に入ったのだろう。

志貴皇子は天智天皇の皇子。

天智天皇のあと、誰が天皇になるのか。弟の大海人皇子《おおあまのみこ》か、第一皇子の大友皇子か。

そうして起きた壬申《じんしん》の乱に勝利した大海人皇子が、天武天皇として即位する。

その後は、天武天皇の血を引く人が天皇になっていくので、「天智系」「天武系」という言葉がよく用いられるが、話はそう単純ではない。

このあと天武→持統→文武→元明→元正→聖武→孝謙→淳仁→称徳と続いていくが、持統天皇と元明天皇は天智天皇の娘なので、声を大にして天武系とは言い難い。

天武天皇は、天智天皇の娘である大田皇女、鸕野讃良皇女《うののさららのひめみこ》（皇后、のちの持統天皇）と結婚しており、天智天皇の皇子である志貴皇子と兄の河嶋皇子は、天武天皇の娘を妻にしている。男系が優先の時代ではあるが、天智系と天武系はかなり濃密にからみあっている印象だ。

天武天皇と皇后は、6人の皇子とともに、吉野へ行き、不戦の誓いを立てる。草壁、大津、高市《たけち》、忍壁《おさかべ》の4人は天武天皇の皇子。河嶋と志貴は天智天皇の皇子である。

6年後、冠位四十八階が制定され、吉野の盟約に参加した皇子たちに冠位が与えられたが、なぜか志貴皇子には与えられなかった。

それからも目立つことは何もなく、不遇な状況にあったと語られたりもする。政治よりも和歌などの文化の道に生きた人生だった、とも。

そうかもしれない。しかし持統天皇3年（689）に、撰善言司《よきことえらぶつかさ》に任じられたのには

志貴皇子の御陵

心ひかれる。

撰善言司は『善言《よきこと》』という本を作る役所。中国の『古今善言』にならい、先人の善言や教訓を集めるために創設された。その際に、志貴皇子の文才に目を付けたのだろう。

私もそういう仕事をしてみたい。政治の世界で上を目指したい人にとっては、なんの価値もないただの閑職だが、そんな気がない人間にはとても魅力的な仕事である。

霊亀2年（716）8月11日、志貴皇子は亡くなった。まだ50歳前後だった。

志貴皇子の死を悲しむ笠金村《かさのかなむら》の挽歌《ばんか》が万葉集にある。野辺の送り。手に松明《たいまつ》を持つ人々が涙で服を濡らしながら高円山《たかまどやま》の山麓を進んでいく。田原へ向かうのだろうか。

それから54年が過ぎ、志貴皇子の第六皇子、白壁王《しらかべ》が即位した。光仁天皇である。死んで50年以上が過ぎてから、自分の子どもが天皇になるなんて、まったく夢にも思わなかったに違いない。

光仁天皇の御陵も田原にある。生前にはいろいろなことがあっただろうが、今は穏やかな地で静かに眠る父と子。いい時間が流れる。

（2022年11月16日）

実朝

芭蕉が高く評価していた中世の歌人は西行《さいぎょう》と源《みなもとの》実朝《さねとも》だった。鎌倉幕府三代将軍にして優れた歌人、実朝。

建永2年（1207）正月22日、数え年で16歳の実朝は、鎌倉を出て、箱根権現《ごんげん》（現在の箱根神社）と伊豆山《いずさん》権現（現在の伊豆山神社）に詣でた。これを二所詣《にしょもうで》という。北条義時、北条時房、大江広元、安達景盛ら、幕府の有力者も同行した。鎌倉に戻ったのは27日のことで、6日間の旅だった。

箱根権現から伊豆山権現へ向かう途中、峠に差し掛かると海が見えた。実朝が「どこの海か」と尋ねると、「伊豆の海」と返ってきた。答えたのは伊豆出身の義時だったのだろうか。

箱根路《はこねじ》をわが越えくれば伊豆の海や　沖の小島に波の寄る見ゆ

沖の小島に白い波が寄せている。その現実をただそのまま歌っているのだが、どうしてなのか深い悲しみのようなものが感じられてならない。

実朝が海を見つめていた、その場所へ行ってみたいと、ずっと思っていた。

そこは十国《じゅっこく》峠らしい。伊豆、相模、駿河、遠江、甲斐、安房、上総、下総、武蔵、信

濃の10か国を眺《なが》められる。

ケーブルカーで山頂まで行き、少し歩くと、沖の小島がみえてきた。初島《はつしま》である。右奥には大島も見える。

実朝の歌の原本は存在しておらず、写本の系統によって言葉が異なることも多い。

「わが越えくれば」「われ越えくれば」どちらが正しいのか。実朝の研究者でも和歌の研究者でもないので本当のところはわからないが、「わが」のほうが歌とすれば優れていると思う。

「が」の音の強さが、実朝の孤独な魂の存在を際立《きわだ》たせる。周囲に人がいるにもかかわらず、そこには誰もいない。

実朝の歌を高校生の私に教えてくれたのは、父だった。父の口から繰り返し生まれ出ては、私に寄せて来る、実朝の歌の数々。

大海《おおうみ》の　磯もとどろに寄する波　破《わ》れて砕けて裂けて散るかも

荒磯に波が寄せ、破《わ》れて砕けて裂けて散る。勇壮な歌に思えるが、波が砕け散る姿に心ひかれる感受性の強い青年の孤独な魂も垣間《かいま》見える。

そう言えば、父も、学生時代、何年も入院することになる大病を患《わずら》う前に、破《わ》れて砕けて裂けて散る波を見つめていたことがあったと聞いた。父も歌を詠んだ。

唐の太宗《たいそう》が臣下と問答した内容を記す政治指南書『貞観政要《じょうがんせいよう》』。実朝はこれを学ぶ。聖徳太子の「十七条憲法」も学んだ。すべての人々が幸せになる理想の世をめざし、さまざまな訴えにみずから裁断を下した。

しかし、やがて鶴岡八幡宮で悲劇が起きる。実朝の人生は28年で突然終わった。

空や海うみやそらとも見え分かぬ　霞も波も立ち満ちにつつ

霞と波で、空と海との区別がつかない。生と死も、あるいはそのようなものなのかもしれないが。

「見え分かぬ」「えぞ分かぬ」どちらが正しいのか。

霞と波で朦朧《もうろう》となっているのに、「えぞ」だと「ぞ」の音が強すぎて、屹立《きつりつ》する岩が見えるようだ。「海（うみ）」「うみ」「霞（かすみ）」「波（なみ）」「満ち（みち）」、五つの「み」が作っているやさしい世界に「見え（みえ）」だと溶け込むことができる。だから「見え分かぬ」が優れていると私は思う。

（2022年12月14日）

花筺

人間国宝の大倉源次郎さんに頼まれて、春日野の能楽ホールの舞台でお能の話をすることになった。

その日は「花筺《はながたみ》」が上演されるので、それに合わせて演題を「花筺とその周辺」にした。「花筺」は、継体天皇と照日《てるひ》の前という男女の別れと再会の物語である。

万世一系といわれる天皇家に断絶の危機があった。

武烈天皇が亡くなると、あとを継ぐ者がいなかった。武烈天皇には子どもがおらず、あとを継げる人たちはそれまでにすべて殺されていた。

花筺《はながたみ》
花籠のこと
好きな人にもらった
女は深く愛し、深く愛されたいと願う。
この愛がずっと続くことを切に願う。
しかし、男は変わり、去っていく。
愛する人と別れて女は狂乱する。男は狂乱しない。
春日野公演
12月20日（火）
講演　西山　厚
仕舞「八島」
一調「野守」
狂言「六地蔵」
能「花　筐」
「狂女物」
照日の前
継体天皇

鎌倉幕府と似ている。源氏の将軍が頼朝・頼家・実朝の三代で滅んだのは、実朝に子どもがいなかったからだが、将軍になれそうな源氏の人たちがすべて殺されてしまっていたからでもあった。

そこで鎌倉幕府は京都から四代目の将軍を迎えることにした。武烈天皇のあとも他所から迎えることになった。

越前国（現在の福井県）に大迹部《おおあとべ》皇子（日本書紀では男大迹《おほど》王）がいた。応神天皇の子どもの子どもの子どもの子どもである。

ホントなのかなあ。本当だとしても、今なら親族には入らない薄いつながりである。その大迹部皇子を大和に迎えて天皇になってもらった。それが継体天皇である。

越前国にいた時、継体天皇には深い仲の女性がいた。照日の前という。継体天皇は使いの者にお花を入れた籠（それを花筐という）と手紙を届けさせ、自分自身は照日の前に会うこともなく大和へ向かう。

残された照日の前は狂う。照日の前が手紙を開いて見続けているシーンが辛い。狂乱した照日の前は、やがて大和にたどり着く。好きな人にもらった花籠を大切に持って。そして紅葉狩りにやって来た継体天皇と出会う。

天皇のお付きの者は「狂女と見えて見苦しや」と花籠を打ち落とし、「面白う狂ふて舞遊び候へ」と催促した。世間の人々は狂乱した女性に冷たい。

照日の前は舞った。そして花籠を目にした継体天皇は、照日の前に気づき、「恨みを忘れ狂気を止めよ。元のごとく召使はむ」と声をかける。

継体天皇は何もわかっていない。狂わせたのはアンタだと言いたくなる。でも、照日の前はその言葉をとても悦んで、正気に戻る。

なぜ狂乱するのは、いつも女性なのだろうか。お能には「狂女物」というジャンルがあるほどだ。

女は深く愛し、深く愛されたいと願う。この愛がずっと続くことを切に願う。しかし、男は変わり、去っていく。愛する人と別れて女は狂乱する。

ハッピーエンドにみえて、男と女はここでもすれ違っているとしか思えない最後の場面、継体天皇たちが橋掛《はしがかり》から幕の中へ入っていったあと、照日の前だけが舞台に残ってたたずんでいるのは、そのあたりの気分を表現しているのかもしれない。

ところで、お能には世阿弥が創り出した「複式夢幻能」と呼ばれる作品群がある。まず旅の僧が登場する。ここがあの物語の場所かとしみじみしていると、誰かが現れて、詳しく物語ってくれる。その人は、実は当事者の亡霊で、成仏できずにその場所にとどまっていた。後半になると、在りし日の姿で現れて、狂おしく舞い、消えていく。これでようやく救われたということになるようだ。

亡霊が地元の人には心を開かず、旅の僧に語り出すのがおもしろい。そして、思いの丈をすべて語り、舞い尽くすことによって救われていくストーリーに心ひかれる。

東日本大震災のあと、全国各地から傾聴ボランティアの人たちが被災地を訪れて、被災した人たちの話に深く耳を傾けたことを思い出す。

「花筐」は複式夢幻能ではなく、照日の前は生きているが、その言葉は誰の胸にも届いていない。照日の前の語りにもっと耳を傾け、照日の前の舞をもっとしっかり見つめることが、照日の前を本当に救うことになるのではないだろうか。

（2023年1月11日）

はしっこ巡り

奈良県庁の屋上から五重塔を見る

先日、とても寒い日に、女優の高島礼子さんと興福寺の「はしっこ巡り」をした。南のはしっこは奈良ホテル、旧大乗院庭園、ホテル尾花。西は東向《ひがしむき》商店街。東は奈良国立博物館。北は登大路から2本北の道。

最後に県庁の屋上から散策ルートを確認した。

明治になり、廃仏毀釈で、興福寺はたいへんなことになったと言われるが、それは事実ではない。

中金堂、東金堂、五重塔、北円堂、南円堂のある区画が興福寺の伽藍《がらん》である。

南円堂は平安時代に入ってから創建されたが、ほかの堂塔は奈良時代に建てられ、そのほか講堂、僧房、食堂《じきどう》などが建ち並んでいた。

僧侶は僧房に住むのだが、やがて身分の高い藤原氏の子息が京都から僧侶としてやって来るようになると、狭い僧房には住まず、大きな邸宅を構えるようになる。こうして興福寺の伽藍の周辺に僧侶の住宅街が広がっていった。

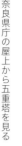

伽藍と、その東西そして北に広がった住宅街は、塀で囲まれた。住宅街は、その外の南と東にも広がっていた。

高野山を参考にするとわかりやすいかもしれない。大塔や金堂のある区画は「壇上伽藍」と呼ばれ、法会《ほうえ》の際に僧侶が集まってくる場所であって、僧侶は住んでいない。周辺に「〇〇院」と呼ばれる子院がたくさんあり、そこが僧侶の住宅街である。僧侶の住宅街も、広い意味では寺に含まれるが、伽藍には含まれない。

慶応4年（明治元年／1868）3月、いわゆる神仏分離令が出た。

この通達は神社に出されたもので、寺に出されたものではなかった。内容は3つだけ。①神社に僧侶がいてはならない。②神様を仏教用語で呼んではならない。③神社に仏像を祀《まつ》ってはならない。

つまり神社から仏教色を取り除くのが神仏分離であり、寺はそのままでよかった。たとえば東大寺の境内には今でもたくさんの神社がある。

ところが興福寺の僧侶は興福寺を去ることに決めた。そして上級僧侶は春日大社へ移って神官になった。ほかの人たちも興福寺を離れた。

興福寺の僧侶の住宅街はゴーストタウンになった。でも伽藍はそのまま残った。無住の寺は公共の目的に使用するというルールができていた。中金堂は役所の建物として使われた。

公共の目的に使えないものは競売にかけるというルールもあった。東大寺や西大寺や薬師寺には僧侶がいたので、競売にかけられることはなかったが、興福寺は無住の寺になっていたので競売にかけられた。これは廃仏毀釈でもなんでもない。

五重塔は竹屋弥三郎が250円で、三重塔は石崎勝蔵が30円で買おうとしたが、前者は採算が取れない、後者はお兄さんにやめろと言われ、沙汰止みになった。

廃寺になった興福寺の伽藍を活用しようという動きが出始めた。まず市（マーケット）を開く場として使われたが、やがて公園にしようという声があがり、県の認可がおりたので、明治13年（1880）2月14日に奈良公園が誕生した。

僧侶の住宅街は、あるいは有効利用され、あるいは再開発されて今日に至っている。菊水楼は興善院、四季亭は弥勒院、ホテル尾花は密厳院の跡、裁判所は一条院、奈良ホテルは大乗院の跡で、すぐ南に庭園が復元されている。

登大路《のぼりおおじ》は興福寺の境内を東西に走る通路だった。東西の端には塀があり、門はあったが、このままでは交通の便が悪く、奈良の発展を阻害することになる。興福寺は廃寺になっているのだから、塀は取り壊された。これは廃仏毀釈でもなんでもない。

西《さい》金堂、講堂、僧房、南大門、中門など、伽藍の半分以上がなくなっているのは、享保2年（1717）の火災で焼失したためである。

高島礼子さんと県庁の屋上に出ると、雪が降っていた。しかし太陽は輝き、雲間から幾本もの光の筋が、興福寺の伽藍を照らしていた。

（2023年2月22日）

6

愛しい存在

子どもたち

幼稚園の子どもたちに奈良の歴史や文化を伝え始めて20年以上が過ぎた。

奈良国立博物館の普及室長になったのが、幼稚園の子どもたちと関わるきっかけになった。普及室は、現在の企画室・情報サービス室・教育室・列品室を合わせた部署で、展覧会のポスターを配布する仕事もしていた。

さっそく配布先のリストを確認したら、学校関係では大学と奈良県内の高校だけだったので、中学校と小学校、そして奈良市東部の幼稚園にもポスターを送ることにした。ということは、幼稚園の子どもたちがやってきたら案内するぞ、私が自分で案内するぞ、と心に決めていた。

そうしたら、ホントに来てくれました！

子どもたちとのたくさんの思い出のなかで、特に忘れられないのは、特別展「東大寺のすべて」に、飛鳥幼稚園（今はない……）の子どもたちが来てくれた時のことだ。

まず園長先生が下見に来られたのでご案内した。幸いに合格点を付けてもらったようで、当日の打ち合わせになり、「子どもたちの集中力は30分が限度。30分以内でお願いします」と言われたが、それには同意できなかった。

まず講堂で60分。そのあと展示室で60分。子どもたちはどんどん興奮状態になっていった。

聖武天皇が大仏を造ったのは、すべての動物・すべての植物がともに栄える世の中をつくりたかったからだ。

動物はともかく、植物が幸せを感じたりするだろうか。子どもたちに伝わるかなと、少々ためらいながら「草や木もうれしかったり悲しかったりするのかな」と言ってみたら、ひとりの男の子が「命がある！」と叫んだ。「そう。その通り。命がある。だから人間にはなかなかわからないけれど、生きてるんだから、草や木もうれしかったり悲しかったりするだろうね」と、心こめて語ることができた。

展示室では、奈良時代の伎楽面《ぎがくめん》の前で歯が抜けた女の子がいた。歯が抜けたのは初めてだったのか、指で歯をつまんで呆然と立っている。「すごいね！　お面の前で歯が抜けるなんて、すごいね！」と言ってみたら、少し気を取り直していた。

子どもたちは、博物館を出る時にも「あしたも来る！」と、とても元気。「あしたは幼稚園に行ったほうがいいと思うよ」と言い聞かせた。

子どもたちは家に帰って「博物館、楽しかった！」と言ってくれたのだろう。お母さんたちが「それなら私たちも行きたい」と大勢でやって来られたので、また案内した。三度の案内。楽しかった。

昨年の秋、奈良教育大学附属幼稚園で、子どもたちに大仏さまの話をした。そのあと子どもたちは大仏さまに会いに行き、帰ってきてから絵を描いたり工作をしたりした。

子どもたちから招待状が届いたので、幼稚園まで作品を見に行った。

大仏さまの、施無畏印《せむいいん》の右手、与願印《よがんいん》の左手、おでこの白毫《びゃくごう》、巻き毛の螺髪《らほつ》、背中の秘密の扉、頭のてっぺんの出入口、体内の木組み、お供え、屋根を支えている大虹梁《だいこうりょう》、大仏殿前の八角燈籠《とうろう》、中門《ちゅうもん》、南大門まで、子どもたちはとてもじょうずに作っ

大仏さまの頭の上

ていて、ひとつひとつを、一生懸命、説明してくれた。

見終わった時に、先生から「子どもたちに何かお話をしてください」と言われ、子どもたちの前に立ったら、なぜだか涙があふれてきた。

「変だね。涙が出る」と言いつつ涙をぬぐっていたら、子どもたちは真剣な目でじっと私を見ていた。

気を取り直して、自分が幼稚園児だった時の話をした。

引っ込み思案で、なかなか幼稚園に行けなかったこと。母は病気で外出できず、卒園式の日に初めて幼稚園に来て、私の姿を見て泣いたこと。

「もうじき卒園式だね」と言ったら、ひとりの男の子が「卒園式に来てほしいなあ」と言ってくれたので、また泣きそうになった。

（2023年3月8日）

卒園

奈良教育大学附属幼稚園の「たいようぐみ」の子どもたちから招待状が届いたので、また幼稚園に行って見ると、「たいようこくりつはくぶつかん」ができていた。

立派な門があり、「たべたりのんだりしてはいけない」と注意書きが張られている。しゃべらない、さわらない、写真を撮らないなどの表示もあった。

門をくぐって中に入ると、まず恐竜がいた。空を飛んでいるのもいる。担当の子どもがひとつひとつ詳しく説明してくれる。思わず写真を撮ろうとしたら、「ホントはダメだけど、きょうは撮ってもいい」と、お許しをいただいた。

正面に、本物の鹿の頭蓋骨が並べられていたのには驚いた。説明をしてくれた男の子のお父さんが理科の先生をしていて、持っていったらと言ってくれたそうだ。

鹿の骨に刺激を受けたのだろう、鹿の骨格標本や、万華鏡のようなものをのぞくと、片方に鹿、もう片方に鹿の骨が見えるのもあった。

くじ引きもあった。折りたたんだ小さい紙を開くとハズレ。もう一回、もう一回と言われ、何度も引いていくうち、15回目くらいでついに当てることができた。景品は鹿のキーホルダー。持って帰っていいよと子どもたちは気前がいい。

壁には「たいようぐみのいちねん」という絵が掲げられており、昨年の11月に、私が「たいようぐみ」の子どもたちに大仏さまの話をした時の様子も描かれていた。

黒いパーカーにブルージーンズ。眼鏡をかけて、マスクをして、マイクを持つ私。似ている！

そのあと別室へ。小さな女の子が待っていて、ここに坐ってくださいと指示された。そしてみんなで歌ってくれた。それが、なんと、私と大仏さまがテーマの歌だった。

歌が終わると、目をつぶって立ってくださいとのこと。ふたりの女の子に左右の手を引かれて進んで行き、目をあけると、プレゼントがあった。陶土粘土で造って窯で焼いた大仏さまだ＝写真。

だいじょうぶポーズをしている立派な右手。願いを叶えてくれる左手。鼻の穴はちゃんと6つある。正確だ。くるくる巻毛の螺髪《らほつ》。おでこには白毫《びゃくごう》もあって、とてもよくできている。螺髪が納豆みたいと子どもたちは楽しそう。

その大仏さまを手にして、みんなで記念写真を撮った。

それから、翌日の卒園式で歌う「またね」を歌ってくれた。お別れするのはさみしいけれど、また会う日まで。涙が出ちゃうから、大きな声で君と歌うよ。またねまたねと繰り返す元気な声を聴きながら、やっぱりまた涙が出た。

外に出ると、子どもたちが左右に並び、頭の上で手をつないで、トンネルを作っている。これをくぐって（日常世界へ）戻るのだ。

ところが子どもたちはどこまでも付いてくる。

あ、そうそう、かわいい小さな花束ももらった。

こんなに幸せなことって、ほかにありますか？

私の両親も子どもがとても好きだった。

母は結婚する前、あんまり小さな子どもが好き過ぎて、祖母からアンタは子どもができないかもしれないねと言われたことがあったそうだ。

母は小さな子どもを子ども扱いせず、対等な人間としていつも接していた。

内気で引っ込み思案だった私は、ひとりでは幼稚園に行けず、近所の女の子がいつも迎えに来てくれたのだが、それでもぐずぐずしていると、父がしばらく女の子の話し相手になるのが常だった。

父はどこかの幼稚園の園歌の作詞をしたこともあった。途中で手拍子を入れる斬新なものだったが、今でも歌われているのだろうか。どこの幼稚園だったのだろうか。


（２０２３年３月29日）

誕生仏

もうずっと以前のことになるが、お釈迦さまの生誕地に行ったことがある。ルンビニー。インドから国境を越え、ネパールに入ってすぐのところだ。国境のしるしに丸太が置かれていたのがなんともいい感じだった。

お釈迦さまが生まれたのは今からおよそ2500年前。

お母さんは、出産のため、実家に戻る途中、ルンビニーの園で休息した。そして、かぐわしい香りのお花を取ろうと右手を伸ばしたら、右脇から元気な男の子が誕生した。お釈迦さまである。

お釈迦さまは、すぐに立ち上がり、七歩あるき、右手をあげ、声を放った。

「天上天下唯我独尊《てんじょうてんげゆいがどくそん》」この世界で私は一番尊い。

ホントかな？　もちろんホントであるはずがない。

日本人は控えめなので、こういう自己主張は好きではない。だから日本のお坊さんはこの話をする時に苦労する。そしてこれは「どの人も、ひとりひとりがこの世でもっとも尊い存在なんだよ」という意味だと説明したりもするが、それは違う。この世界で私は一番尊いという意味にしかならない。

ホントの話ではないのだから、後世の人の作り話なんだから、気にする必要はない。インドの人も中国の人も、とても自己主張が強いように私にはみえる。これは、そういう風土のなかで生成したお話である。

それはそうとして、なぜお釈迦さまはお母さんの右脇から生まれたことになっているのだろうか。

特に根拠があるわけではないが、普通でない生まれ方をした、つまりひどい難産だったことを示す、といつも説明している。

生まれたお釈迦さまは元気だったが、お母さんは7日で亡くなったからだ。

お母さんが亡くなったのは王城であるカピラバストゥに戻ってからのようだが、ルンビニーへ行った時、そこは、お釈迦さまの生誕地というよりも、お母さんが苦しんで、やがて死に至った場所のように、私には感じられた。

お母さんは僕を生んで死んだ。この深い悲しみから、やがて仏教は誕生する。

ところで、ガンダーラで造られた仏伝図を見ると、右脇から出てくる赤ちゃんのお釈迦さまを、両手にバスタオルのような布を持ち、しっかり受け止める人物が必ず表わされている。この人物は人間ではない。帝釈天《たいしゃくてん》、神である。お釈迦さまの傍らには帝釈天や梵天《ぼんてん》や執金剛神《しゅこんごうじん》らがいて、いつでもどこでもお釈迦さまを守っている。

仏伝図で、お母さんの背後に表わされている女性はお母さんの妹さん。お母さんが亡くなったあと、お釈迦さまはこの女性に養育される。

生まれたお釈迦さまの頭上に、きれいな水が灌《そそ》がれた。灌いだのは、梵天と帝釈天。龍が灌いだともいう。

お釈迦さまが生まれたのは4月8日とされる。この日は各地のお寺で灌仏会《かんぶつえ》（花まつり）がおこなわれる。生まれたばかりのお釈迦さまの像を花御堂《はなみどう》に安置して甘茶をかける。それは、梵天と帝釈天（あるいは龍）が水を灌いだことに由来する。

生まれたばかりのお釈迦さまの像を、誕生仏という。上半身は裸、下半身にはスカートのような裳《も》をまとい、右手をあげて「天上天下唯我独尊」と獅子吼《ししく》する姿で表わされている。

右手のあげ方は、頭の方へ少し曲げるのが一番多いが、ラジオ体操でもしているみたいに、頭を越えるほどぐっと曲げていたり、宣誓！とでも言うかのように右斜め上方にまっすぐ突き出していたり、さすがのお釈迦さまもまだ赤ちゃんだから左右がわからなかったのか、左手をあげてしまっていたり、いろいろあって、どれもみんなかわいい。

昔から、日本人はかわいいものが大好きだった。仏教が日本で広まった理由のひとつに、誕生仏のかわいさがあったのではないかと思ってみたりもする。

「きょう、お誕生日の人、いる?」「は〜い」

（2023年4月12日）

叡尊と忍性

叡尊像

鎌倉時代に西大寺を復興した叡尊《えいそん》は、7歳の時にお母さんを亡くした。78年後、85歳になった叡尊は、「悲母《ひぼ》、三人の小児《しょうじ》を懐《ふところ》の内に置きて逝去しおわんぬ」と記している。

お母さんは三人の子どもを抱きしめながらこの世を去った。叡尊は7歳、その下が5歳、その下は3歳だった。

翌年、家が貧しくて養育できないという理由で、叡尊はよその家にやられた。

話は変わるが、ファッションデザイナーの山本寛斎さんのお父さんは腕のよい仕立て屋さんだったが、よそに女をつくって家に帰ってこない。たまに帰ってくる時には酔っていて、お母さんを殴る。

やがて両親は離婚。三人の子どもはお母さんと一緒にいたが、お父さんが子どもを寄こせと言ってきた。いやだ。でも怖い。いつも殴られていたのでいやと言えず、子どもを渡すことになった。

子どもと別れる前日、お母さんは、写真屋さんで、子どもと一緒に記念写真を撮る。寛斎さんは7歳、その下が5歳、その下は3歳だった。NHKの「ファミリーヒストリー」という番組でそれを見ながら叡尊と同じだと思った。寛斎さんのお母さんも、三人の子どもを抱きしめつつ別れなければならなかった。お母さんは、その写真を肌身離さず持ち続けた。縁がぼろぼろになった古い写真を見て寛斎さんは涙をぬぐった。

やがて45歳になった叡尊は誓いを立てる。五濁悪世《ごじょくあくせ》においてもっとも苦しんでいる人を救いたい。そのためなら地獄の苦しみにも耐えよう。浄土へは行かない。五濁悪世とは最低最悪の世界。叡尊はそこへ行きたいと願う。そこでは誰もが苦しんでいる。そのなかでもっとも苦しんでいる人を救いたい。きれいごとではない。その道を行こうとすれば、地獄の苦しみを味わうことになるだろう。それでいい。幸せの国である浄土へは行かない。

そして、誓いの最後に、突然、お母さんが登場する。「その功徳《くどく》は亡き母に廻向《えこう》する」廻向とは振り向けること。いいことは私がする。その報い、功徳はお母さんのところへ行きますように。

叡尊は、お母さんは死んで苦しみの世界に堕ちたと考えていたようだ。おそらくは餓鬼《がき》の世界。何かに執着して死ぬと餓鬼道へ堕ちるという。三人の子どもを抱きしめながら死んだ母は餓鬼道に堕ちて苦しんでいるのではないか。

母を救いたい。その強く切ない思いが叡尊の福祉活動の原点にある。

叡尊の弟子の忍性《にんしょう》は叡尊以上に医療や福祉の現場で活躍したが、その活動の原点も、母を亡くしたことにあった。

忍性のお母さんは、忍性の将来を気にかけ、穢土《えど》を厭《いと》わず、浄土を欣《よろこ》ばず、忍性のことだけを思いながらこの世を去った。私を深く愛したゆえに母は餓鬼道に堕ちて苦しんでいる、と忍性も考えていたようだ。

忍性は、ハンセン病の人たちを含む、当時「非人」と呼ばれた人々の救済に力を尽くし、病院や福祉施設をつくった。日本で初めての動物病院もつくっている。

孤独・貧窮・乞食《こつじき》・病人・障害者、道に捨てられた牛馬をも憐《あわ》れむ。自分を誹謗《ひぼう》する者も善友とし、救済する。功徳をわが身に留めず、十方衆生に施し、悪趣（地獄・餓鬼・畜生の世界）に堕ちた者の苦しみを代わって受ける。

忍性のこの誓いの向こうに亡くなったお母さんがいる。

ところで、叡尊も忍性も、ハンセン病の人たちを文殊菩薩の化身だと考えていた。文殊菩薩は、貧窮・苦悩・孤独の衆生になって現れると経典に書いてあるからだ。

高齢者や障害者などの施設で働く際に難しいのは、お世話をする相手に対して深い尊厳の念を持ち続けられるかどうかであるという。

先日、ある施設で叡尊と忍性の話をさせてもらった時、よいヒントをいただいたと言われて、それが心に残った。


（２０２３年４月26日）

東塔落慶

薬師寺の東塔の12年にわたる解体修理が終わり、４月21日から25日までの５日間、盛大な落慶《らっけい》法要が営まれた。私は24日に参列させていただいた。

藤原京に創建された薬師寺は、平城遷都にともなって、奈良に移って来た。

本尊の薬師如来像は移されてきたが、堂塔は奈良で新たに建てられ、東塔は天平２年（７３０）に完成した。

時は流れ、享禄元年（１５２８）の戦乱で、金堂《こんどう》・講堂・西塔《さいとう》・中門などが焼かれてしまう。奈良時代に建てられた堂塔のうち無事だったのは東塔だけで、本尊の薬師如来像は金堂が焼けてもなんとか助かったが、光背や十二神将像は失われてしまった。

それから４８３年が過ぎ、平成23年（２０１１）、東塔の解体修理が始まった。

木造建築はメンテナンスが絶対に必要だ。正しくメンテナンスをすれば、木造建築の命は永遠と言ってもよい。

解体直前の東塔の中に入れていただいた。老いた建物という印象を受けたが、1300年近い長い長い時の流れ、その重みを実感できた。

私は学生時代から薬師寺に出入りしていた。

昭和43年（1968）に管主《かんす》の高田好胤《こういん》さんが始めた写経勧進、『般若心経』を百万巻書き写して奉納してもらい、その納経料で金堂を復興しようという前代未聞の大事業が、大詰めに差し掛かっていた時期だった。

やがて金堂は完成。落慶法要に参列させていただいた。特設舞台に登場した好胤さんの第一声は「おめでとうございます」だった。

おそらく、その場にいた全員が耳を疑ったのではないだろうか。「ありがとうございます」だと思っていたはず。「金堂はお写経をしていただいた皆様のもの。大切にお預かりさせていただきます」と続く挨拶を聞きながら、私は好胤さんが好きになった。

薬師寺のお坊さんはみんな若くて活気があった。京都で下宿していた私は、たびたび夕食をごちそうになったり、一緒に卓球をしたり、仲よくしてもらった。

大学院生の時に、好胤さんに連れられて、インドの仏跡巡拝に行ったこともある。

現在の管主の加藤朝胤《ちょういん》さんは、好胤さんの最初のお弟子さんだ。お互いにまだ20代だった若い頃から親しくさせてもらっている。

落慶法要のなかのかなりの時間を費して、朝胤さんが、108巻の写経をなさった方に輪袈裟《わげさ》を掛け、216巻なさった方に肩衣《かたぎぬ》を着せ、一緒に記念撮影をする、というセレモニーがおこなわれた。好胤さんの時から続くセレモニー。これがあってこそ薬師寺だと思いながら、ひとりひとりの方に拍手を送った。

そして最後は「かたよらない心」を2千人で唱和した。「こだわらない心　とらわれない心　ひろくひろく　もっとひろく　これが般若心経　空のこころなり」と続く。好胤さんが創作した素敵な偈《げ》。これこそが仏教の真髄だと私は思っている。

ところで、24日を選んで参列させていただいたのは、未生《みしょう》流家元の肥原慶甫《ひはらけいほ》さんの献華がある日だったからだ。私の母は未生流の師範で、法華寺の法要でお家元が献華をなさった折、母と姉と私の3人で参列し、終わってからご挨拶させていただいた。母はすでにこの世を去り、すべてが懐かしい。

東塔の初層に中村晋也さんが制作した釈迦八相像のうちの前半の四相（入胎《にったい》・受生《じゅしょう》・受楽・苦行）が安置された。

西塔の初層には、8年前に後半の四相（成道《じょうどう》・転法輪《てんぼうりん》・涅槃《ねはん》・分舎利《ぶんしゃり》）がすでに安置されており、群像表現の素晴らしさに目を見張るが、前半の四相が安置されたことで、奈良時代にそうであったように、お釈迦さまの全生涯をたどれるようになった。

薬師寺の復興は、55年をかけて、おおよそ完了したと言ってもよい段階に至った。志半ばで亡くなった好胤さんも喜んでおられるだろう。好胤さんの一番弟子の朝胤さんが締めくくる立場になっていたことも、とてもうれしい。

（2023年5月10日）

法輪寺

八十八面観音巡礼の法話会で法輪寺へ行った。

大安寺、西大寺、法華寺、海龍王寺、法輪寺、聖林寺、長谷寺、室生寺に祀《まつ》られている十一面観音像。この8体の十一面観音像を拝するので、8×11で八十八面になる。そして、半年に1回くらいのペースで法話会が開催されており、私がそれぞれのお寺で話をさせてもらっている。今回は法輪寺の番だった。

法輪寺の創建に関しては、ふたつの説がある。

ひとつは、推古天皇30年（622）に、聖徳太子の病気平癒を願って、山背大兄王《やましろのおおえ》（聖徳太子の子）と由義王（弓削王／聖徳太子の孫）が建立を発願したというもの。

もうひとつは、天智天皇9年（670）に法隆寺が焼けたあと、百済の開法師（聞法師）と圓明《えんみょう》法師、そして下氷新物《しもひのしんもつ》（下氷君雑物《さいもつ》）の3人が建立したというもの。

前者の説は古すぎる、後者の説は新しすぎる、という問題点がある。

法輪寺は、金堂が右、塔が左にある伽藍配置。これは670年以降にできた法隆寺の現在の伽藍の配置と同じで、この形式は639年に舒明《じょめい》天皇が建て始めた百済大寺《くだらのおおでら》以前に遡ることができない。しかし、法輪寺に安置されている薬師如来像と虚空蔵菩薩像は670年以降のものとは思われない。

塔の下に前身の建物の跡が見つかっているので、ふたつの説の中間あたりに真実がありそうな気がするが、よくわからない。

法輪寺には江戸時代に描かれた伽藍図が伝わっている。そこには山背大兄王と圓明法師が並んで仏舎利を献ずる様子が描かれている。この伽藍図の作者も、ふたつの説を合体させているようだ。

境内に入ると、突き当りに講堂（収蔵庫）が見える。

中に入ると、中央に大きな十一面観音が立っておられ、この観音様が八十八面観音巡礼の対象になっている。観音像の左右には樟《くすのき》の一材で造られた飛鳥時代の薬師如来像と虚空蔵菩薩像。さらにその左右には、平安時代の弥勒菩薩像、地蔵菩薩像、吉祥天像、米俵に乗る珍しい毘沙門天像などが立ち並んでいて壮観だ。

後方の厨子のなかには聖徳太子の二歳像（南無仏像《なむぶつぞう》）と十六歳像（孝養像《きょうようぞう》）も安置されている。

江戸時代に法輪寺を中興したのが寶祐《ほうゆう》上人である。

正保2年（1645）の大風で、法輪寺の金堂・講堂・中門・廻廊などが倒壊した。三重塔は助かったが、三層目を吹き飛ばされてしまった。

賓祐上人は妙見菩薩への信仰が深く、熱心な信者となった大坂の商人たちからの支援を受けて、お堂や仏像仏画などの修復を進めた。

元文4年（1739）には三重塔の心礎から仏舎利が発見された。

賓祐上人は復興の半ばでこの世を去ったが、あとを嗣《つ》いだ弟子の大圓《だいえん》上人らにより、宝暦10年（1760）に三重塔の修理が完成し、仏舎利は塔に戻された。そして金堂や講堂なども再建された。

時は流れ、昭和19年（1944）7月21日、落雷により、三重塔は焼失した。

戦争中で、村の男たちは出征しており、男手がなかったことも災いした。

戦中戦後の時期に塔を復興するのは難しかった。苦難の日々が続いたが、作家の幸田文《あや》さんをはじめ、多くの方々の支援を受けて、昭和50年（1975）にようやく再建がなった。幸田文さんは『五重塔』を書いた幸田露伴の娘さん。塔つながりだ。

先代の住職さんから、塔の復興に関するお話をうかがったことがある。

炎上する三重塔から、なんと仏舎利が飛び出してきた。仏舎利を戻すために、なんとしても塔を再建しなければならない。強く決意したそうだ。

朝起きると、すぐに窓をあけ、塔があるかどうかを確かめる。再建できたのは夢ではなかったのか。いや、ある。確かに塔がある。確認してホッとするという。心にしみる話だった。

（2023年5月24日）

明恵上人と西行

私は大学院に入ってから仏教史に転向した。研究テーマを変えたのは、明恵《みょうえ》上人に出会ったからだ。出会ったと言っても、明恵上人は鎌倉時代のお坊さんなので、実際に出会ったわけではない。白洲正子さんの『栂尾《とがのお》高山寺明恵上人』に魅了されたのだ。

この本を初めて読んだのは高校生の時だった。その時は変わった人としか思えなかったが、再読して明恵上人に強く心をひかれた。そうして、私の人生が動き始めた。

明恵上人はお釈迦さまを慕い、お釈迦さまの国インドへ行こうとするが、行ってはならないという春日明神《かすがみょうじん》（春日大社の神様）の託宣を受けて断念する。

そんな逸話もあったので、明恵上人の代わりにと言うとおこがましいが、明恵上人の肖像画のコピーを胸にインドの仏跡巡拝もしてきた。

大学院の修士論文では明恵上人について書き、それが学術誌に掲載された頃、遠くに住んでいた友だち、それは詩の雑誌で知り合った女性で、生まれながらの病で寝たきりの日々を送っていたが、「今年こそ詩集を出したい」という言葉を残して急逝した。会ったことは一度もなかったが、「今年こそ詩集を出したい」を現実のものにしてあげたくて、彼女の家を訪ね、作品ノートをお借りした。

「今年こそ」であるのだから、なんとしても、その年のうちに作らねばならない。当時はまだ本を作ったことがなく、作り方もまったく知らなかったが、いろんな人に助けられて、クリスチャンの彼女にはそれが一番ふさわしいと思ったので、その年の12月24日、クリスマスイブに、詩集『季節がくれば』を世に送り出した。

明恵上人に出会わせてくれたことへの感謝の気持ちを込めて、白洲正子さんに論文の抜き刷りをお送りした際に、あわせて『季節がくれば』も献呈した。

程なく白洲正子さんから毛筆で書かれた長い手紙が届いた。一部を紹介すると……。

私の「明恵上人」は上人には申しわけない程つたない本でございますが、御若い方にもっとよく書いて頂ければ冥利につきるというものです。どうぞ私の至りません点を深く書きこんで頂ければ幸せに思います。明恵さんと西行《さいぎょう》法師は一番日本人らしい仏教徒で、むつかしいのはその点にあると存じます。極端にいえば、仏教徒でさえないのかも知れません。明恵上人を書いたら西行さんを書かなくてはと今思ってをりますが、さてできますかどうか。

白洲正子さんは、明恵上人の次に、西行について書こうとしておられた。

やがて『芸術新潮』に西行の連載が始まり、それをまとめて単行本になった。

しかし私の関心は、明恵上人から西行へは向かわず、貞慶《じょうけい》や叡尊《えいそん》という、鎌倉時代に仏教の再生に生涯をかけた人たちへと向かった。

二見の夫婦岩

それから長い時が流れて、今年の2月、ある人から突然電話がかかってきた。伊勢高校の同級生からだった。高校を卒業して以来、会ったことはない。年賀状のやり取りをしていたわけでもない。同窓会名簿を見て電話をかけたのだと言う。

そして「西行の話をしてほしい」と依頼された。

彼は二見にいる。西行も二見に6年余り住んでいた。西行を顕彰する会を仲間と立ち上げて10年。今年の秋に開催する記念講演会で話をしてくれないかとのことだった。

西行についてはよく知らないので、断るつもりが、うっかり引き受けてしまった。

それからはゆかりの場所を巡っている。西行が亡くなった弘川寺《ひろかわでら》、30年住んだ高野山、西行戻しの松があるという松島、二見の安養寺跡や伊勢神宮（内宮）近くの西行谷。これからさらに京都の法金剛院、吉野、東海道の小夜《さや》の中山にも行くつもりだ。西行の和歌を味わう日々。白洲正子さんの『西行』も買った。

どこの誰かもわからない学生に、心のこもった丁重な手紙を書いてくださった白洲正子さんのことを、最近ずっと考えている。

（2023年6月21日）

金子みすゞ

今からおよそ１００年前、５１２篇の詩を残し、26歳の金子みすゞさんは、みずから命を絶った。私が一番衝撃を受けた詩は「積つた雪」だった。

上の雪
さむかろな。
つめたい月がさしてゐて。

下の雪
重かろな。
何百人ものせてゐて。

中の雪
さみしかろな。
空も地面《ぢべた》もみえないで。

金子みすゞ　著作保存会提供

雪の気持ちを想像する。そういう人はほとんどいないと思うが、広い世の中にまったくいないこともないだろう。

しかし、「中の雪」のさみしさにまで、こんなふうに思いをはせる人は、絶対にいないと断言したい。

自分で言うのはなんだが、私も感受性がとても強くて、ほかの人が感じないことを、子どもの頃から感じていた。しかし、「中の雪」のさみしさにまでは、さすがに思いは至らない。

金子みすゞさんの詩は、そしてその人生は、さみしい。

みすゞさんが3歳の時、お父さんが中国で亡くなった。だからみすゞさんはお父さんを知らない。

きょうもきのうも、去年も一昨年《おととし》もみんな夢。ひょいと目が覚めて二つの赤ちゃんだったらどんなにうれしかろ。という意味の詩がある。二つならお父さんがいる。

私の母も3歳で父親を亡くしたので父親の記憶がない。95歳で亡くなるまで、母はずっと父親を思い続けていた。

叔母のフジ（お母さんの妹）のご主人である上山松蔵は、下関で上山文栄堂という大きな書店を経営していた。

お父さんが亡くなり、金子家は大きく変わる。みすゞさんの弟（正祐《まさすけ》）は、子どもがいなかった上山家へ養子に入り、フジが亡くなると、お母さんのミチが後妻になった。

やがて大津高等女学校を卒業したみすゞさんは、仙崎の実家から下関へ移って上山家に住み、上山文栄堂の支店で働き始めた。

当時、書店は時代の最先端だった。本や雑誌には、東京から発信された魅力的な新しい情報が満載されていた。

大正時代は『赤い鳥』『金の船』『童話』などの雑誌が次々に創刊された児童文学の盛期で、西條八十《さいじょうやそ》にひかれたみすゞさんは詩を作り始める。そして西條八十が編集する『童話』を中心に、詩を投稿するようになった。

この時期、つまり大正12～13年（1923～4）、20～21歳が、みすゞさんにとって一番幸せな時期だった。

大正15年（1926）2月、みすゞさんは上山文栄堂の店員と結婚。この結婚は最悪の結果を生む。それは初めから予想できた。

まもなく女性問題が発覚した夫は上山文栄堂を退職。生活を立て直せない状況のなか、みすゞさんは詩を書くことを禁じられ、夫が遊郭でもらった病気をうつされた。

子どものつぶやきを書き留めるだけの日々にも終止符を打ち、512篇の自作の詩を手書きした詩集を、敬愛する西條八十先生と実の弟の正祐に送り、みすゞさんはひとりさみしく命を絶った。

私がさびしいときに、
よその人は知らないの。

私がさびしいときに、
お友だちは笑ふの。

私がさびしいときに、
お母さんはやさしいの。

私がさびしいときに、
仏さまはさびしいの。

大津高等女学校を卒業した時、奈良女子高等師範（現在の奈良女子大学）へ行って教師にならないかと勧められたが、みすゞさんは断った。
もしもそのとき奈良へ行っていたら、まったく違う人生になっていただろう。
奈良に来て教師になり、そのまま奈良に住んでいたら、私が奈良国立博物館に入った時には79歳の元気なおばあちゃん！　きっと仲よくなったと思う。

（2023年7月5日）

7

すばらしい出会い

菩提山神宮寺

かつて、伊勢神宮の内宮《ないくう》の近くの山のなかに、菩提山《ぼだいせん》神宮寺という寺があった。神仏習合の風潮のなかで、各地の大きな神社の境内には寺がつくられるようになる。これを神宮寺と呼んでいる。

奈良時代に伊勢神宮にも神宮寺ができたが、神宮のすぐ近くに寺を置くことには抵抗があったようで、かなり離れた場所へ移されている。伊勢には仏教を忌避する考え方が根強くあった。

しかし、やがて伊勢にも仏教が浸透し始め、神宮の周辺にもたくさんの寺ができた。なかには内宮や外宮《げくう》の神官が建てた寺もあった。

内宮から近い場所に菩提山神宮寺ができたのは平安時代後半で、伊勢にやって来た歌人の西行《さいぎょう》は神宮寺の僧と親しく交流した。平氏に焼かれた東大寺の大仏の復興と大仏殿の再建で大活躍した重源《ちょうげん》も、伊勢に来て、神宮寺で大般若経を読誦《どくじゅ》している。

江戸時代、寛政9年（1797）に刊行された『伊勢参宮名所図会《めいしょずえ》』で神宮寺の項を見ると、五十鈴川に架かる橋を渡ると仁王門、なかに入ると本堂、方丈、萱堂《かやどう》、そして松尾芭蕉の塚があった。芭蕉は神宮寺で句を詠んでいる。

本堂に安置された本尊は丈六（立像なら1丈6尺、坐像なら半分の8尺＝2・4メートル）の大きな阿弥陀如来坐像で、その左右には不動明王像と毘沙門天像が立っていた。

さらに時が流れ、慶応4年（1868）3月、神社に対して、いわゆる神仏分離令が出された。神社から仏教色を取り除くよう命じた通達である。ただし、寺はそのままでよかった。

通達に従い、各地の神社は境内の神宮寺を廃し、祀《まつ》っていた仏像を近くの寺へ移したりした。伊勢では広い「神領」からすべての寺をなくすことになり、およそ150の寺が廃寺になったという。神宮寺もそのなかに含まれていた。

その頃、漬物業で知られた三河国大浜（現在の愛知県碧南市）の角谷大十《すみやだいじゅう》は、商売で松坂（松阪）まで来ており、その情報を知った。大十は70体ほどの仏像を買い取り、船で大浜へ運ぶ。

そして、本尊の大きな阿弥陀如来像と仁王門に安置されていた2体の仁王像（阿形《あぎょう》と吽形《うんぎょう》）を海徳寺に、本尊の脇侍《きょうじ》の不動明王像と毘沙門天像などを自分が管理する海徳寺門前の一行《いちぎょう》庵に、ほかの60数体を海徳寺の檀家に頒布したという。

海を渡って海徳寺の新しい本尊になり、「大浜大仏」の名で今も親しまれている阿弥陀如来像には銘文があって、神宮寺の良仁《りょうにん》が願主となり、長承3年（1134）から保延2年（1136）までの数年をかけて、臨終正念《しょうねん》（亡くなる時に心が乱れないこと）と極楽往生のために造られたことがわかる。

菩提山神宮寺跡

均整のとれた体つき。穏やかな表情。京都大原三千院の阿弥陀如来像に似ている。

この阿弥陀如来像が造られた時期は、長承2年（1133）9月に内宮の、保延元年（1135）9月には外宮の式年遷宮《せんぐう》がおこなわれており、神宮の遷宮にあわせて、神宮寺の造営と仏像制作がおこなわれた可能性もある。

阿弥陀如来像の背後にある光背《こうはい》（江戸時代の後補）は、あまりに大きくて、お堂の天井を突き抜けているほどだ。

それまで本尊だった阿弥陀三尊が脇に追いやられているのを見ると複雑な気持ちにもなるが、そうしたくなるのもわからなくはないほどに、大きくて堂々とした立派な阿弥陀如来坐像である。

漬物の角谷大十商店は、昭和60年（1985）に廃業してしまったそうで、なんとも惜しまれるが、黒板壁の趣のある建物が残っている。

この阿弥陀如来像のふるさとである伊勢の神宮寺の跡へ行ったことがある。伊勢高校の同級生が案内してくれたのだが、大きな長靴を履いて、沼のようなところにずぶずぶ踏み込んで壁の銘文をチェックしているうち、気が付くと、2匹の山ヒルに血を吸われていた。

（2023年7月19日）

禅定寺

いま、奈良国立博物館では特別展「聖地南山城《みなみやましろ》」が開催されている。

南山城には、浄瑠璃寺、岩船寺《がんせんじ》、笠置寺《かさぎでら》、海住山寺《かいじゅうせんじ》、現光寺、大智寺、神童寺《じんどうじ》、蟹満寺、寿宝寺、観音寺、酬恩庵、禅定寺《ぜんじょうじ》などの寺々がある。

奈良県から京都府に入ったあたり、いわゆる南山城は、古くからずっと奈良の文化圏だった。一番北にある宇治田原の禅定寺でさえ、東大寺僧が創建したお寺なのだから、ここも奈良の文化圏に含まれていると言ってよい。

このうち浄瑠璃寺には、平安時代の阿弥陀如来坐像が9体並んでいる。人間は上《じょう》の上《じょう》から下の下《げげ》までの9ランクに分かれるとされる。しかし、どのランクであっても、阿弥陀如来はちゃんと救ってくださるということを、目の前の9体の阿弥陀如来像がわかりやすく伝えてくれる。

平安時代の後期には、こうした九体阿弥陀像がたくさん造られた。ただし、記録からその存在が知られるだけで、実際に残っている平安時代の九体阿弥陀像は、浄瑠璃寺にしかない。

今回の特別展は、その9体の阿弥陀像の修理がすべて終わったことを記念するもので、9体のうちの2体が展示されている。

奈良国立博物館の展示室では、お寺で拝するより仏像がずっと大きく見える。そして意外なほど2体のつくりが違う。光背のデザインに至っては、まったく異なっている。これは大きさだけを決めて、複数の工房で自由に造らせたとしか考えられない。

江戸時代、南山城は、戒律復興の舞台でもあった。明忍《みょうにん》律師や雲松《うんしょう》律師の肖像画や、京都の西明寺《さいみょうじ》の本尊を写した清凉寺式釈迦如来像など、そのことを明瞭に語ってくれる品々が展示されている。地味ではあるけれど、とても大切なテーマ。展覧会のイベント化が進むなかで、こういうところをしっかり押さえるのが奈良国立博物館の良心だと、改めて心強く思った。

さて、一番北にある禅定寺は、平安時代に東大寺の平崇《へいそ》上人が創建した。正暦2年(991)に建て始められた本堂は、長徳元年(995)に完成。本尊の大きな十一面観音像もこの時に造られたと考えられる。

禅定寺は広い寺領を所有していたが、やがて平等院に寄進して平等院の末寺になる。平崇は藤原兼家(道長の父)の支援を受けており、兼家→道長→頼通と続く藤原氏の本流と禅定寺が深い関わりをもっていたことがよくわかる。

しかし、その後、禅定寺は次第に衰えてゆく。そして、江戸時代に禅定寺を再興したのは月舟宗胡《げっしゅうそうこ》禅師だった。

月舟禅師は、肥前国(佐賀県)の出身で、曹洞宗の禅僧。加賀の大乗寺の26世。

禅定寺

延宝8年（1680）、62歳で大乗寺を弟子の卍山道白《まんざんどうはく》に譲り、宇治田原の地にやって来た。そして月舟禅師に深く帰依する加賀藩の家老、本多安房の支援のもと、禅定寺を曹洞宗の寺として再興した。

禅定寺でとても印象的なのは、本堂が瓦葺ではなく、ヨシ葺（かつてはカヤ葺）であることだ。庭の池にかかる橋の手前から、橋と本堂と背後の山を入れて撮るのが、一番美しい。

本堂の右隣のお堂（もとは観音堂）に、以前は平安時代の仏像がたくさん安置されていたが、現在は宝物殿へ移されている。本尊の大きな十一面観音像が立っておられた中央奥のがらんとした空間を、しばらくじっと見つめた。

続いて宝物殿に入ると、魅力的な平安仏がずらりと並んでいる。ただし、本尊の十一面観音像は奈良国立博物館の特別展にお出かけ中なので、やはり中央奥が不思議な空白地帯になっている。

ところで木魚《もくぎょ》が広く普及したのは、江戸時代に隠元禅師が中国から木魚や魚板《ぎょばん》など、さまざまな鳴り物をもたらしてからのことだと聞いた。

月舟禅師は隠元禅師と親しかった。月舟禅師が造り、禅定寺に施入した、魚の姿が生々しくて、見るからに古様《こよう》な木魚が、土蔵造りの開山堂《かいさんどう》の月舟禅師の肖像の前に置かれていた。

（2023年8月2日）

大東太鼓

100年後の子どもたちに伝えたいものを「未来遺産」と呼ぶ。

そして、100年後の子どもたちにその何かを伝えようとしている活動を「プロジェクト未来遺産」と呼ぶ。

毎年、日本ユネスコ協会連盟が「プロジェクト未来遺産」を選定している。

全国各地のさまざまな団体から届いた申請書類を未来遺産委員会で審査して、数をしぼっていく。私も選考委員のひとりだ。

次に、書類審査を通ったプロジェクトの現地調査。委員が手分けをして現地へ行き、関係者の話を聞き、自分の目で確かめ、報告書を書く。

最終審査は、それぞれの現地調査を担当した委員が報告書に基づきながら改めてプレゼンをし、委員全員が投票して、その年度のプロジェクト未来遺産を確定させる。

令和4年（2022）度、書類審査を通ったプロジェクトのなかに、北大東島《きただいとうじま》の子どもたちが打つ大東太鼓が入っていた。

プロジェクト名は「大東太鼓　北大東島の子どもたちが伝える開拓の文化」。

その現地調査を担当したのは私だった。

1月7日、北大東島に着いた。沖縄本島から東へ360キロ。周囲が13・5キロの小さな島だ。フルマラソンをするなら、3周しても、まだ距離が足りない。

北大東島は、明治36年（1903）まで無人島だった。海岸線が容易に人を寄せ付けなかったからだ。黒船で横を通ったペリーも、あそこは無人島だろうと記録している。

北大東島を開拓したのは、八丈島の人々だった。

さとうきびを栽培して砂糖を作るためだったが、思いがけず燐《りん》の鉱山が見つかった。世界でも有数の燐の大鉱山。

燐は肥料になる。北大東島の燐は、戦前の日本の食糧生産を支えていた。

昭和25年（1950）に燐鉱山が閉山となり、今は製糖が主要産業になっている。

八丈島から来た開拓民は太鼓を持ってきた。八丈島では太鼓がさかんで、八丈太鼓と呼ばれている。八丈太鼓は左右からふたりで打つ。ひとりは基本リズムを打ち続け、もうひとりは自由に打つ。女性が打つことも多い。そのためもあってか、足はあまり開かず、上半身でまったり打つ傾向がある。

北大東島の神社の祭礼や、さまざまな行事の折には、必ず太鼓が打たれた。

平成21年（2009）に和太鼓奏者の林英哲さんがやって来て、北大東島の太鼓は大きく変わった。

林英哲さんは下半身を重視する。左右の足を思い切り開き、いわば下半身で打つ。だから下半身の強化が大切だ。林英哲さんから新しい楽曲が贈られて、大東太鼓は躍動

伝達式

する現代的な太鼓に生まれ変わった。「しっかり構えると、いい音が出る」と小さな男の子が言った。

大東太鼓を知るには北大東島のすべてを知らねばならないと私は思った。村役場の照屋凛《りん》さんと一緒に島の隅々までまわり、島の人たちが食べるものを食べ、島の人たちが飲むものを飲んだ。

太鼓を打つのは子どもだけだ。おとなは打たない。中学生が小学生や幼稚園児を指導している。高校生はいない。島には高校がなく、中学を卒業すると、島を旅立つ。その自覚があるためか、中学生はとてもしっかりしている。子どもたちはみんな仲よしだ。翌日、空港に、中学3年のさぁやちゃんとさらちゃんが見送りに来てくれた。

最終審査。大東太鼓は満票でプロジェクト未来遺産に選ばれた。うれしかった。

7月28日、北大東島で登録証の伝達式がおこなわれた。高校1年になったさぁやちゃんとさらちゃんが夏休みを利用して沖縄本島から戻ってきてくれたので、登録証と目録をふたりに手渡した。

そのあとの太鼓の演奏が素晴らしかった。この日のために島に戻って来た4人の高校生と、さらに年上の先輩も加わって、子どもたちが全身全霊を込めて太鼓を打った。周囲の人たちは口々に「島の誇りだ」とつぶやいていた。

（2023年8月23日）

若き日の明恵上人

明恵《みょうえ》上人は、平安時代の終わり、承安3年（1173）に生まれた。今年は生誕850年の記念の年にあたる。

生まれたのは現在の和歌山県有田川町《ありだがわちょう》。生誕地の近くに明恵上人の弟子の喜海《きかい》が創建した歓喜寺《かんぎじ》がある。

8月27日、明恵上人の生誕850年を祝う式典が有田川町で開催され、そこで「明恵上人　清らかに生きる」と題して、記念講演をさせていただいた。

式典では、明恵上人遺跡の清掃活動をしておられる方々への感謝状の贈呈もあり、生誕地ならではの温かい気持ちになった。

明恵の父は平重国、母は湯浅宗重の娘。湯浅氏はこの地方一番の豪族である。

明恵が8歳になった正月、母が亡くなった。9月には父が上総国《かずさ》（現在の千葉県）で戦死した。この年は治承4年（1180）。8月17日に源頼朝が平氏を倒すために挙兵、上総国でも戦いが起きていた。

この時代、両親を失った子どもはどうなるのだろうか。

しばらく叔母（母の妹）に養育された明恵は、翌年、京都の神護寺に入った。なぜ地元のお寺ではなく、遠い神護寺なのか。母方の叔父がいたからだ。

明恵は、毎日、夜になると金堂に入り、本尊の薬師如来に「真実の信と智恵を得さしめ給え」と祈った。やがて明恵は華厳《けごん》教学に心ひかれ、徹底的に学ぶようになる。書写した華厳関連の本のなかに「當寺之瓦礫《がれき》明恵房」の書き込みが見られる。みずからを価値のない「瓦礫」と称する若き日の明恵。

21歳になると、明恵の存在は早くも広く知られるようになり、華厳教学の中心地である東大寺から華厳宗興隆のために招かれたほどだった。しかし、東大寺の僧侶たちが派閥争いをしているのをみて嫌気がさし、神護寺に戻るが、神護寺も落ち着いて学問や修行ができる環境ではなかった。明恵は神護寺も出て郷里に帰ってしまう。生誕地から西へ。車なら20分ほどで海に出る。その絶壁断崖（白上峯《しらかみのみね》）の上に23歳の明恵は草庵を結んだ。目の前は海、そして小さな島々。

明恵は白上峯で耳を切った。この話を知っている人は少なくないが、ほとんどの人が誤解しているようだ。

幼くして父母を亡くした明恵は、お釈迦さまを父親のように、仏眼仏母《ぶつげんぶつも》という美しい仏さまを母親のように慕っていた。白上峯に明恵は経典のほか、釈迦如来像（彫像）と仏眼仏母像（絵像）も運んできていた。

佛眼如来ノ御前ニシテ、耳ヲカラケテ、佛壇ノ足ニ結ヒツケテ、刀ヲ取テ、右耳ヲ截ル。血ハシリテ、本尊ナラヒニ佛具等ニカカレリ。其血、今ニウセス。

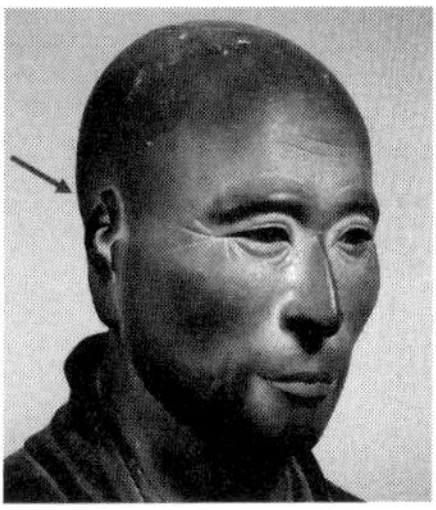

血がかかった本尊を仏眼仏母像と考える人が多いが、本尊は釈迦如来像だ。釈迦如来像を乗せた壇の足に右耳を結び付けて切る。そんなややこしいやり方をしたので、実は失敗し、右耳の上部がわずかに切れただけだった。

右耳を切り落としたと書いてある本も多いが、間違い。肖像を見ればわかる＝写真。しかし血は飛び散って、本尊の釈迦如来像にもかかった。

なぜそんなことを？「如来ノアトヲフマムコトヲ思フ」と明恵は言う。お釈迦さまの歩んだ道を私も行く。俗世間は耳とともに捨てる。お釈迦さまとひとつになりたい。だからお釈迦さまを乗せた壇に耳を結び付けて切った。

痛みをこらえながら、お釈迦さまの前で、明恵は『華厳経』を声に出して読んだ。その時、あたりが光り輝き、文殊菩薩が出現した。

明恵は自分が見た夢を記録していた。その「夢《ゆめの》記《き》」に書かれているので、明恵が白昼夢のように認識していたことがうかがえる。これが人生を変える契機となる。

『華厳経』の後半は、善財童子という少年の旅物語になっている。善財童子は文殊菩薩に出会って悟りを求める心をおこし、よき先生を訪ねる長い旅に出る。

善財童子のように文殊菩薩と出会い、若き明恵の悟りへの旅が始まった。

（2023年9月6日）

糸野の御前

天井に女性がいる。長い黒髪を握りしめて。下には僧がいる。右耳の上部が欠けているので明恵《みょうえ》上人だ。天井の女性は、この星尾（和歌山県有田市星尾）の館《やかた》の主《あるじ》である湯浅宗光（明恵の叔父）の妻、糸野の御前《ごぜん》。29歳。明恵は31歳。

この頃、お釈迦さまを慕う明恵は、お釈迦さまの国、天竺《てんじく》（インド）へ渡ろうとして、星尾の館で旅の支度を始めていた。

糸野の御前の様子が変わったのは建仁3年（1203）正月19日のことだった。

それから7日間、彼女は何も口にしなかった。しかし、気力が衰えることはなく、仏を礼拝し、読経に専念した。不思議なことが起こりそうな気配があった。

26日正午頃、彼女は部屋の鴨居《かもい》に登り、明恵に告げた。

「我は春日明神なり。御房の西天《さいてん》の修行を止め奉らんがために降《くだ》れるなり」

春日明神は奈良の春日大社（当時は春日社）の神様。その春日明神が糸野の御前に憑《ひょう》依《い》した。その日はそれだけで終わったが、3日後、糸野の御前は今度は天井に登り、明恵に語りかけた。

糸野の御前の様子は普通ではなかった。色はいつもにも増して白く、ほとんど透き

通るように見えた。声は優雅で哀愁に満ち、全身から不思議な香りが漂っていた。

彼女は身じろぎもしなかった。目を見開き、瞬きもせずに明恵を見つめ、言った。

「御房は智恵第一にして並ぶ者がない。我はひとり子を思うように御房を糸惜《いとお》しく思う。天竺に行くのは大きな嘆きである。御房をこの国に留め、この国の導師にしたいのだ。我、御房を糸惜しく思い奉ること切なり」

言葉を発しているのは糸野の御前ではなく、彼女に憑《つ》いた春日明神だった。

やがて長い話を終えた春日明神は「久しく時が過ぎました」と別れを告げた。

この時、糸野の御前は明恵を横抱きにし、顔を合わせて「糸惜しく思い奉り候なり」と言って涙を流した。


明恵も声を上げて泣き、「今しばらくここにいてほしい」と懇願した。周囲にいた人々は、この様子を見て哀傷に耐え切れず、泣き叫んだ。

春日明神が去ると、明恵はほとんど失神状態だった。この時、春日明神はふたたび降臨した。「ここにいる。ここにいる。悲泣哀傷の音に引き止められた。必ず春日社へ来られよ」

ようやくのことで明恵は応じた。

「私は幼少の昔より、釈尊に捨てられ、滅後の辺地に生まれたので、在世の説法を聞くこともできません。せめて天竺の御遺跡《ゆいせき》を拝して滅後の恨みを休めようと思い、天竺への旅を企てたところ、降臨なされ、慇懃《いんぎん》の御教訓を頂戴いたしました。これを釈迦如来の形見といたします」

糸野の御前の顔に哀愁の色が浮かんだ。彼女は明恵の手を取り、右手を伸ばして明恵の頭を撫でた。

春日明神の託宣を聞いたのは、明恵を含めて70〜80人もいた。糸野の御前の体からは深くて濃い不思議な香りが漂っていた。人々は感悦に耐えず、彼女の手足を舐《な》めた。舐めると甘葛《あまずら》のように甘かった。

糸野の御前は、子どもの頃から感じやすい性質の女性だった。物の怪《け》に取りつかれることも多かった。

2年前、物の怪による彼女の病を明恵が平癒させた。妊娠中にも同じようなことがあり、出産時に仮死状態になった彼女を明恵が蘇生させた。糸野の御前は明恵に対して限りなく深い尊崇の念をもっていた。

あれは本当に春日明神の託宣だったのだろうか。私にはわからない。糸野の御前の、本人も気付いていない、心の奥の切なる叫びだったのかもしれない。私にはどちらでもよい。そうして明恵は天竺へ行くことを断念し、春日社に参詣する。

明恵を抱きしめ明恵を見つめ、糸野の御前は「糸惜しく思う」と言って涙を流した。明恵も声をあげて泣いた。

このような美しい男女の姿を歴史のなかに見出すのは、ほとんど奇跡のような気がする。

（2023年9月27日）

明恵上人と夢

明《みょう》恵《え》上人《しょうにん》は夢を大切にした人で、19歳から、自分が見た夢を記録し続けた。内容はさまざまで、宗教的なものも世俗的なものもあった。どのような夢であっても分け隔てせず、時には絵も交えながら、詳細に記し、感想や解釈を記すこともしばしばあった。

伝記を読むと、少年時代から、自らの行動が正しいかどうかを夢で決めている場合があり、夢を神仏からの聖なるメッセージと考えていたことがうかがえる。

明恵上人樹上坐禅像

明恵の高弟である喜《き》海《かい》が記した『明恵上人行状』には、明恵が見た多くの夢が美しい宝石のようにちりばめられている。

ある日、明恵はこんな夢を見た。

大小ふたつの池がある。小さな池の水量は少ないが、清く澄み、雨が降ったので、たちまち溢《あふ》れた。傍らにある大きな池は古い河のようだ。さらにもう少し雨が降れば、小さな池は大きな池と繋がり、大きな池に住む魚や亀が、小さな池に通うこともできるだろう。きょうは2月15日。池に満月が映れば、さぞかしよい風情であろう。

目覚めた明恵は、夢を解釈した。

小さな池は自分自身の精神世界。大きな池は仏の悟りの世界。魚や亀は聖者たち。もう少し雨が降れば（もう少し修行をすれば）、ふたつの世界はつながるだろう。

理に叶った解釈である。

と言っても、そんなふうに合理的に解釈できる夢ばかりではない。こんな夢もある。

鳩が飛んできた。いつの間にか鳩は青い鳥に姿を変え、さらには青い雲に変身して、空に上っていく。明恵は手をあげてこの雲を取り、少しずつ飲む。飲みながら「生あるものすべてを幸せにしよう」と思った。

生涯にわたって自分が見た夢を記録し、自らの行動の是非を夢で決めたと言うと、現実離れした人物を想像してしまうかもしれない。しかし、決してそうではない。むしろ明恵は、合理的、現実的な考えの持ち主だった。

叔父であり師でもある上覚《じょうかく》とやり取りした和歌をみてみよう。

見ることはみな常ならぬうき世かな夢かと見ゆるほどのはかなさ
長き世の夢を夢ぞと知る君やさめて迷へる人を助けむ

前が上覚、後が明恵。夢であると知るのなら、夢から覚めて、迷える人を助けよう。

これこそ明恵の真骨頂だ。

明恵が見た多くの夢のなかで、もっとも魅力的なものに兜率天《とそってん》へ上る夢がある。

『華厳経』の教えに基づく仏光観の修行をしているうち、明恵は「在るが如く、亡きが如し」という状態になった。その時、虚空に3人の菩薩が現れた。普賢菩薩、文殊菩薩、観音菩薩である。菩薩は瑠璃《るり》の杖を持っており、明恵が両手で端をつかむと、一気に引き上げられ、たちまち兜率天に至った。この時、心も体も清々しくなり、喜びに満ちた。瑠璃の杖の頭にある宝珠から清らかな水が流れ出て、明恵は全身に浴びた。すると体が明鏡のように、水晶《すいしょう》の珠のようになり、そして大きな輪のようになって運動し始めた。不思議な思いになっていると、空中から声が聞こえた。「諸仏、悉《ことごと》く中に入る。汝《なんじ》、今、清浄《しょうじょう》を得たり」

兜率天は弥勒菩薩が住んでいる場所。第2の釈迦とも言われる弥勒菩薩はここで仏法（仏の教え）を説いている。

明恵は生まれ変わっても再び仏法に巡り合いたいと願っていた。明恵にとって、兜率天こそ、後世《ごせ》において、もっとも往きたい場所だった。その兜率天に上り、清浄になった体のなかに、すべての仏が入った。これ以上、素晴らしい夢はない。

臨終の前にも、明恵は次々に夢を見た。たとえば、自分が五色の糸になり、一切衆《いっさいしゅ》生《じょう》を悉く纏《まと》い取る夢。五色の糸になるとは！

覚めている時に好むことを夢のなかで試みるのだと明恵は語っている。夢は明恵の心のうちを鮮やかに映し出す。

（2023年10月11日）

昴

唐招提寺金堂の解体修理がおこなわれたのは、平成12年（2000）から21年（2009）にかけてのことだった。

その間、唐招提寺の宝物が一堂に会する大規模な特別展「国宝　鑑真和上展」が、東京都美術館を皮切りに全国各地で開催され、あの鑑真和上像も日本中を旅することになった。この特別展には奈良国立博物館が全面協力しており、私も宝物の展示や撤収、図録の解説などを担当した。

やがて解体修理は無事に終わり、平成21年（2009）11月1日、金堂の落慶法要がおこなわれた。その折、金堂の前で女優の檀ふみさんと私が語り合うことになった。そういう時に打ち合わせをするのを私は好まない。次に相手が何を言うのかわかっているなんてつまらない。ぶっつけ本番でやりたい。

檀ふみさんとはNHKの日曜美術館でご一緒したことがあり、すでに親しくなっていたので、きっとうまくいくと私は確信していた。

檀ふみさんはとても生真面目な方で、手の中に隠れる小さい紙にいろんな情報をいっぱい書き込んでおられた。

その日は雨だった。落慶法要が始まる前には止んでほしいと願っていたが、あろうことか、なんと集中豪雨になってしまった。

金堂の前には、法要に参列した多くの方々がおられた。傘をさすことはご遠慮いただき、主催者からビニールのかっぱが配られていたが、皆さんずぶぬれになっていた。

檀ふみさんと私は金堂の大きな軒の下にいたので濡れることはなかったが、軒からは滝のように雨が流れ落ちて、そのはね返りで、檀ふみさんの着物の裾はかなり濡れていたようだった。そして前方が見えない。前にいる人たちの顔がまったく見えない。

檀ふみさんと私は、ご本尊の盧舎那仏《るしゃなぶつ》のお姿を遮らないように、初めはかなり離れて立っていた。ところが檀ふみさんが少しずつ私に近づいてくる。よほど私に近づきたいのかなあと思っていたら、激しい雨音で私の声が聴きとりにくかったそうだ。まさに本当に集中豪雨だった。

あれから14年。あのとき何をしゃべったかほとんど覚えていないが、谷村新司さんの「昴《すばる》」について語り合ったことは忘れられない。

「昴」が鑑真和上の歌だということをご存じですか？

昭和55年（1980）に井上靖さんの『天平の甍《いらか》』が映画化された。これにタイアップしてできた歌が「昴」。

目を閉じて何も見えず。当り前だが、鑑真さんがそこに投影されているかと思うと、それだけでじんとなる。

「昴」を歌う

哀しくて目を開ければ。あれ？　鑑真さんは目が見えなくなっていたはず。哀しくても目をあけられないのでは。

日本に着いた時、鑑真さんの目はまだ見えていた。そして最晩年に日本で目が見えなくなったと私は考えている。その趣旨で論文も書いた。

鑑真さんは哀しくて目をあける。何が哀しいのか。弟子が36人も死んだからだ。

栄叡《ようえい》と普照《ふしょう》は、鑑真さんに渡航を願ったわけではない。弟子を派遣してほしいと頼んだのだ。しかし、弟子たちは断った。日本は遠い。日本には着けない。「では私が行こう」と鑑真さんは言った。

先生が行くならと大勢の弟子が同行を申し出たが、足掛け12年の苦難の日々のなか、36人の弟子が亡くなった。それが哀しくないはずはない。

私の話をじっと聴いていた檀ふみさんが言った。「ああ砕け散る宿命《さだめ》の星たちよ」。あれは死んだ36人のお弟子さんのことなんですね。西山さん、歌ってください！

私は歌った。その時、その場には、谷村新司さんがいた。私たちのトークイベントのあとに、谷村さんのコンサートが開かれるからだ。谷村新司さんの前で、谷村新司さんの「昴」を、谷村新司さんよりもじょうずに歌ってしまった。

谷村さんの訃報を聞き、集中豪雨のなかの、あの不思議な時間がよみがえった。

（２０２３年10月25日）

正倉院展

奈良の秋と言えば正倉院展。今年は75回目だ。

聖武天皇が亡くなると、光明皇后は聖武天皇が大切にしていた品々を大仏さまに献納した。その折に、光明皇后はすべての品々の詳しい情報を記した目録を作成した。目録を作成する際、どういう順番に書いていくものだろうか。トップバッターはたぶん一番大切な品だと思う。それは「御袈裟《おんけさ》」だった。

僧侶が身に着ける袈裟。「御」が付くので、聖武天皇の袈裟だろう。仏教に深く帰依していた聖武天皇は出家して僧侶になった。だからもちろん袈裟をもっていた。光明皇后が一番大切に思う品は袈裟だった。

袈裟は9枚あった。それぞれがどういう袈裟なのかも目録に詳しく記されている。9枚のうち最初に書かれている九条刺納樹皮色《しのうじゅひしょく》袈裟が、今年の正倉院展に出ている。袈裟は藍で染めた綾で包まれて箱に納められた。その綾の包みも箱も今年の正倉院展に出ている。こんなふうに、セットで残っているのが素晴らしい。

袈裟の箱は、動物の皮で作り、麻布を巡らせ、漆を塗り重ねた漆皮箱《しっぴばこ》。漆の光沢が美しく、深い味わいがある。

白牙尺《びゃくげのしゃく》もいい。象牙製の物差し。長さの単位は違うが、今の物差しとそっくりだ。

先日、天理よろず相談所病院へ検査に行った。待ち時間が長かったので、壁に掲示された教祖の言葉を読んでいたら、素敵なものを見つけた。

「世界の人が皆、真っ直ぐやと思うている事でも、天の定規にあてたら、皆、狂いがありますのやで」

自分が真っ直ぐ（正しい）と思っている事でも、天の定規にあてたら、すべて狂いがある（正しくない）。

天の定規は天にあるので、届かない、使えない。だから、本当にこれで正しいのか、いつも謙虚に自問し続ける必要がある、ということだろう。

その時、ふと、白牙尺が、天の定規のように思えた。

斑犀如意《はんさいのにょい》は、もとは東大寺の宝物だった。如意は僧侶が手にして威儀を正す仏具。犀の角は、鹿の角とは違って、熱を加えると容易に形を変えられる。金線で縁取りした花の形を如意にいくつもつけて、その中に色とりどりの玉を嵌《は》め、尾端はラピスラズリで飾る。「東大寺」の銘があるので、大切な法会《ほうえ》で東大寺の別当が手にした特別な如意なのだろうか。想像がふくらむ。

驚くべきはその箱だ。如意の形に作ってある！　普通の四角い箱でいいのに、そこまでやるかと楽しくなる。

檜彩絵長方几《ひのきさいえのちょうほうき》。前回出たのは昭和58年（1983）。私が奈良国立博物館に入った年だ。その秋、初めて担当した正倉院展でこの小さな机に出会った。あれから40年！

正倉院にはこのような小さな机や箱がたくさん伝えられている。

献納する宝物を箱に入れ、その箱を小さな机に乗せる。そのままでは当たりがきつくなるので、机の上に褥《じょく》（柔らかい敷物）を敷く。

箱の中の宝物は外からは見えない。見えるのは箱や机や褥だけ。だから箱や机や褥も宝物に負けないくらい美しく作る。ものを大切にする日本人の美意識である。

道鏡《どうきょう》が書いた3通の文書も興味深い。いずれも造東大寺司《ぞうとうだいじし》の写経所《しゃきょうじょ》に宛てて、経典や目録の借用を依頼したものだが、道鏡の上から目線の態度が丸わかりになっている。

上下関係にない相手に出す文書は「牒《ちょう》」と書き始める。と言っても、現実には目に見えない上下関係がありがちだ。そのため実質的に下から上へ出す場合には最後に「謹牒《つつしんでちょうす》」と書き、普通の関係なら「以牒《もってちょうす》」、上から目線だと「故牒《ことさらにちょうす》」で締めくくる。道鏡は造東大寺司の写経所に対して「故牒」と書いている。そして墨が薄かったり、宛名を書かなかったり、天平宝字という元号を「字」と略したり、やりたい放題だ。

孝謙上皇（聖武天皇と光明皇后の愛娘）がバックにいるからだが、権力を握ったらすぐにダメになる典型的な人間のように思われてきた。


（2023年11月8日）

国宝の仏像

大阪府立中之島図書館から「大阪の国宝仏像巡り」というテーマで話をしてくれないかと依頼された。

国宝の仏像（神像・肖像を含む）は全国に140ある。大阪府には5つ。少ないように思うかもしれないが、和歌山県とならんで、全国で第3位の多さである。

ちなみに第2位の京都府は41、第1位の奈良県は77で、2トップが図抜けているが、奈良県には京都府の倍近くもあって、仏像はやっぱり奈良だなとつくづく思う。

さらに言えば、京都の41には浄瑠璃寺の九体阿弥陀と観音寺の十一面観音が含まれているが、あそこは奈良（の文化圏）であって、奈良にカウントしてもいいくらいだ。

大阪の国宝の仏像は、葛井寺《ふじいでら》の千手観音、道明寺《どうみょうじ》の十一面観音、観心寺の如意輪観音、獅子窟寺《ししくつじ》の薬師如来、数年前に国宝に昇格した金剛寺の大日如来・不動明王・降《ごう》三世《ざんぜ》明王の三尊、の5つ。

葛井寺（藤井寺市）の千手観音は私の大のお気に入り。1041本の手をもつ文字通りの千手観音だ。お寺では台座の上の観音様本体しか拝することができないが、台座を合わせた全体の姿は完璧なバランスで、最高の仏像のひとつだと思っている。

東大寺法華堂に伝わった（現在は東大寺ミュージアムに）日光菩薩・月光《がっこう》菩薩と呼ばれる2体の塑像《そぞう》とお顔がそっくりで、同じ工房（つまり奈良）で造られたことは間違いないので、奈良に0・5ポイントいただきます。

観心寺（河内長野市）の如意輪観音のなまめかしさは、ほかに例がない。

ずっと前、この如意輪観音の調査を奈良国立博物館でさせていただいたことがあり、まだ就職して間もない私も参加した。如意輪観音がすぐ目の前におられる、不思議な、そして幸せな時間を、長く過ごしたことは忘れられない。

獅子窟寺（交野市）へは、急な山道を登っていく。これが思った以上に厳しい道で、友だち3人と、杖を突きながら、息を切らして登った。山の上には大きな岩がいくつもあって、古代から聖なる地として尊ばれていた場所だとすぐにわかる。

金剛寺（河内長野市）の大日如来・不動明王・降三世明王の組み合わせは珍しい。尊勝曼荼羅《そんしょうまんだら》ではそうなっているが、その場合も降三世明王は立っていて、位置も向かって左ではなく右だ。

これは天台宗の円珍《えんちん》が唐から持ち帰った図像に基づくものらしく、真言宗の金剛寺に特殊な信仰があったことがうかがえる。坐《すわ》っている降三世明王はほかに見たことがない。

道明寺（藤井寺市）の十一面観音と言えば思い出す人がいる。中村恒克《つねよし》さんである。

10年前、東京藝術大学から、当時まだ大学院生だった中村さんを含む3人に、奈良国立博物館に来てもらい、私と4人で仏像の模刻について語り合ったことがある。道明寺の十一面観音の模刻を始めた中村さんは、目に見えない箇所、刀《とう》の入りにくい箇所も完璧に彫っている仏師の徹底した態度に「ここまでやるのか」と驚く。そして「隅々まで完璧に彫ることが人を救うことにつながる」と思って彫ったのではないかと考えるようになった、と語った。

おそらく仏師はそんなふうには考えていなかったと私は思う。しかし、そんな現実なんかどうでもいい。その時、若い中村さんがそう考えたことに私は深く感動した。これ以上はもうないという作品を知ってしまった。あの日の中村さんの言葉は忘れられない。あれから10年。中之島図書館での講演の前に久しぶりにやり取りをした。

◇

お像を一目みた時の衝撃が忘れられません。帰りの電車の中ではすごいものを見てしまったと放心していました。同時にその後の進路が決まったのだと思います。改めてお像の写真を見返しました。凄《すき》まじい彫りですね。命を削って彫っている感じがします。日々の制作や修復に忙しくさせていただいておりますが、私がこの世界に進もうと思った原点を思い出す機会になりました。原点を忘れず、日々精進したいと思います。

（2023年11月22日）

信貴山縁起絵巻

平群町《へぐりちょう》で「信貴山縁起絵巻」の話をしてほしいと頼まれた。

信貴山は二上山と同じくふたつの峯をもち、遠くからでもすぐにわかる聖なる山。毘沙門天の信仰で知られて、山の上には朝護孫子寺という立派なお寺がある。

絵巻は日本の文化を代表するもので、平安時代以来の優れた作品が残されている。朝護孫子寺が所蔵する「信貴山縁起絵巻」はその最高傑作。国宝に指定されている。

信貴山と朝護孫子寺が位置しているのは平群町。「信貴山縁起絵巻」は平群町にある唯一の国宝なので、その素晴らしさを平群町の多くの方々に知ってもらいたい。これが講演会の趣旨だった。

この絵巻は3巻からなる。主人公は命蓮《みょうれん》。平安時代に実在した僧である。

命蓮は山のなかでひとりで法華経を読んだり修行したりしており、既存の寺を離れたそういう僧は聖《ひじり》と呼ばれた。命蓮は長年の修行によって不思議な力を獲得しており、それが存分に発揮されるストーリーになっている。

【第一巻　山崎長者巻】

なんだなんだなんだ！　あわてふためくたくさんの人々の描写から物語が始まる。

米倉《こめぐら》が揺れ、鍵がはずれ、鉢が飛び出してきた。

命蓮は托鉢のために鉢を山崎まで飛ばしていた。山崎は石清水八幡がある男山の麓、今の大山崎町のあたりで、荏胡麻《えごま》の油の独占的販売で財をなした長者が住んでいた。また来たかとうんざりした長者が鉢を米倉に閉じ込めたところ、大事件が発生した。たくさんの米俵を納めた大きな米倉を乗せて（接触はしていないので、リニア方式）鉢は信貴山へ飛んでいく。驚き騒ぐ群衆の描写が躍動的。これがアニメーションの始まりのように言われるのも納得できる。

信貴山へ謝りに行く長者。命蓮は米倉を残して米俵だけ返してくれた。ひとつの米俵を乗せて鉢が飛びあがると、たくさんの米俵も続いて飛び、空を渡る雁《かり》のように、山崎へ戻っていった。

【第二巻　延喜加持巻《えんぎかじ》】

時の帝《みかど》（醍醐天皇）の病は重く、祈禱《きとう》をしても効果がない。信貴山に命蓮という優れた聖がいるそうだ。祈禱を頼もうということになった。

勅使が信貴山へと向かう。命蓮は引き受けたが、都には行かず、ここで祈ると言う。終われば剣の護法を参らせましょう。剣を編んだ衣を着ています。

3日後、宮中に剣の護法が飛来した。醍醐天皇はきらきら光る剣の護法を見て「さわさわ」し、病が癒えた。

通常、絵巻は右から左へ進む。しかし剣の護法は左から右へ逆方向に疾走する。そ

の描写が衝撃的に素晴らしい。よく見ると、その下方ではふたりの女性（ひとりは赤ちゃんをおんぶしている）が菜を積んでいる。ストーリーとはまったく無関係の人物を各所に生き生きと描くのが絵巻の魅力だ。

【第三巻　尼公《あまぎみ》巻】

信濃には命蓮の姉がいた。弟が奈良へ旅立って久しい。弟に会いたい。姉は奈良へ向かう。いろんな場所で知らない人に親切にされながら、姉は奈良に到着し、大仏殿に籠る。そして大仏さまのお告げを聞いた。大仏さまの声を聞いた人は珍しい。大仏さまのお告げに従って西へ、そして南へ、信貴山へ。ついに姉は弟の住房にたどり着いた。

こんな時、お姉さん、なんて声をかけるのだろうか？

「命蓮小院《こい》は、いまする？」

小院は僧の名の下に付けて親愛の情をあらわす言葉。ぴったりだ。振り向き、驚く、命蓮。そしてふたりは一緒に暮らすことになる。

長い時が流れ、命蓮はすでにこの世を去ったが、飛んできた米倉（飛《とび》倉《くら》）は、朽ち破れてはいるが信貴山に残っており、人々は小さな木片を持ち帰ってお守りにした。

この材で毘沙門天像を造ると、大きな功徳を得られたそうだ。

（2023年12月6日）

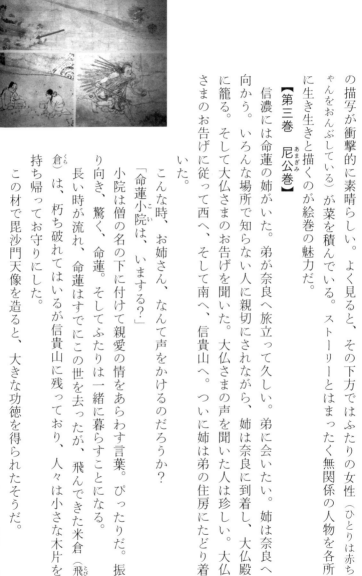

感謝

秋の叙勲で、瑞宝双光章《ずいほうそうこうしょう》をいただいた。

正直に言うと、そういうものにはまったく興味がなく、連絡をいただいた時に「えっ?」と頭が混乱した。ただ、次の瞬間、強い感謝の気持ちが湧き起こった。

これまでに出会ったすべての人たち、今の時代の人たちだけではなく、鎌倉時代の明恵上人《みょうえしょうにん》や叡尊《えいそん》さん、奈良時代の聖武天皇や光明皇后など、歴史上の人物も含めて、これまでに出会ったすべての人たちに対して、強い感謝の気持ちが竜巻のように湧き起こり舞い上がったので、自分でも驚いてしまった。

そして私の叙勲受章を知った友人たちが、わが事のように喜んでくれたのが、何よりもうれしくありがたかった。

それでも、なお違和感が残っていたので、ある友だちに「これが仏教伝道賞だったらうれしかったんだけどなあ」と言ってみたら、「名前は違うけれど、同じものでしょ」と言われ、目からウロコ、そうなんだとようやく納得できた。

12月14日、親しい人たちが、ホテル尾花で、お祝いの会を開いてくれた。

まず南城守《なんじょう》さん（絹谷幸二天空美術館）のご発声で、（コロナが終息したので）「心の底から大声で」乾杯をした。

続いて「ではご挨拶を」と言われてびっくり。挨拶は最後だと思っていたので、何の準備もなかった。立ち上がると、全員が私に顔を向けてくれている。その表情があまりにも温かく、私への好意に満ちていたので、思わずこんなふうに述べた。

ありがとうございます。私は皆様とこれまで人生を歩んでまいりました。これからも一緒に人生を歩んでいきたいと思います。今後ともよろしくお願いいたします。

しばらくして、司会の中野暁子《さとこ》さん（ホテル尾花）が、出席できなかった方々からのメッセージを読み上げた。

大安寺の河野良文《りょうぶん》さんからは「仏教の真髄、仏の精神を平易な言葉で説き明かし、人の心をつかんで離さない語り口は菩薩《ぼさつ》のようだ」という過分なお言葉をいただいた。

東大寺の上司永照《かみつかさえいしょう》さんは、私が東大寺の整肢園の子どもたちに話をした時の、ある忘れがたい出来事を紹介、「僧侶としての、また人としての私に、深い影響を与えてくださった」と言われたので、身に余る言葉に恐縮した。

大乗滝寺《だいじょうりゅうじ》の辻村泰範さんには「彼ほど勲章の似合わない人はいない。胸をつまらせ、涙まで浮かべて人々に寄り添う姿。だから彼ほど勲章の真の価値にふさわしい人はいない」と言っていただいた。

奈良国立博物館の吉澤悟さんに「西山さんのご活躍は、私たち後輩たちの目指す先を照らす篝火《かがりび》です」と言ってもらったのもうれしかった。

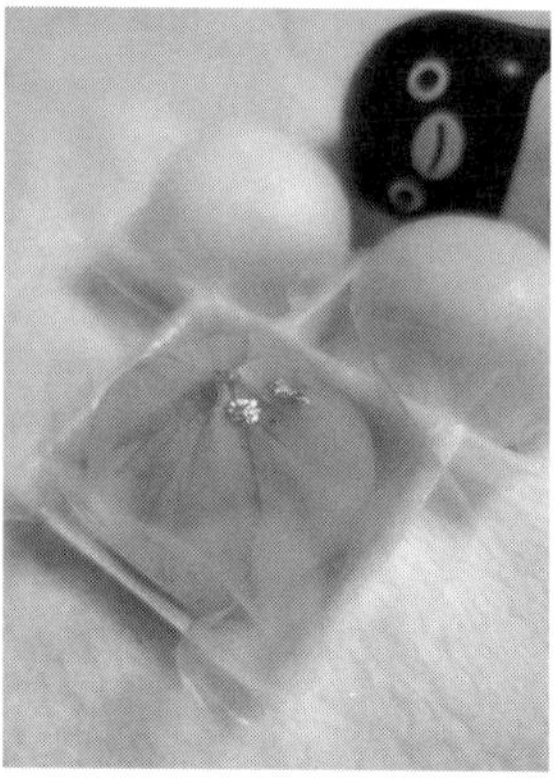

出席された方々には3つのものをお持ち帰りいただいた。

まず定番となった樫舎《かしゃ》さんの紅白のお饅頭。そして、とま屋さんのお菓子。学生時代に京都で下宿していた古いお屋敷が今は和菓子屋になっている。それが、とま屋。私の受章を祝って新しいお菓子を創作してくれた。銘は「瑞宝」。

そして3つめは……。

実は、ひどいぎっくり腰になってしまった。体を曲げられない。相手がお辞儀をしてくれてもお返しができない。えらそうに見られてイヤだ。そこで考えた。両手を左右に少し開き、手のひらも外へ向ける。これが深々《ふかぶか》お辞儀を意味するポーズであると（自分で勝手に）決めた。名づけてペンギンポーズ。

たまたま、チョコレートが5つ入っているペンギンを見つけた。5つのチョコは五臓かもしれない。ハートは心臓、コインにはダ・ヴィンチの人体図が表わされている。このところ腰の痛みのなかで人体について考え続けてきたので、今の時期に差し上げるのにもっともふさわしいのはこのペンギンだ。

よき仲間と、よき時を過ごした。よき人に恵まれている幸せに改めて深く感謝した。

（2023年12月20日）

本書は、
毎日新聞奈良版に連載中の「奈良の風に吹かれて」
（２０１９年５月15日〜２０２３年12月20日掲載分から抜粋）に
加筆したものです。

おわりに

毎日新聞の奈良版に「奈良の風に吹かれて」の連載が始まったのは、平成二十二年（二〇一〇）十月のことだった。この年は奈良に都が来てから千三百年にあたり、平城遷都千三百年祭のイベントが奈良県内の各地でおこなわれていた。

あれから十三年と半年。書いたものをまとめて『語りだす奈良118の物語』『語りだす奈良ふたたび』として刊行したところ、ありがたいことに、思いがけないほどのご好評をいただいた。連載は現在も続いており、このたび三冊目の『語りだす奈良1300年のたからもの』を世に送り出すことになった。

私は徳島で生まれ、伊勢で育ち、学生時代を京都で過ごしたのち、奈良国立博物館に就職したことで奈良にやって来た。正直なところ、それまで奈良にはそれほどの興味はなかった。京都に住んでいた時の私の研究テーマは鎌倉時代の仏教復興だったので、京都で活躍した明恵上人ばかりではなく、奈良で活躍した貞慶や叡尊のことも調べており、鎌倉時代の奈良にはかなりなじみがあったが、そのほかの時代（現代を含む）の奈良については、ほとんど何も知らなかった。

とは言え、奈良に来たのだから、奈良のこと、奈良時代のことをもっと知らねばならないと思い、聖武天皇、大仏、光明皇后、正倉院宝物、鑑真和上、お水取りなどについて、さっそく勉強を始めたところ、たちまち心ひかれるようになり、奈良を散策するのが楽しみになった。

奈良の大きな魅力のひとつに仏像がある。国宝の仏像（神像・肖像を含む）は全国に

１４１ある。都道府県別に数えてみると、ひとつでもあれば全国で第7位に入れるのだから、国宝の仏像がいかに少ないかがよくわかるが、第1位の奈良には77もあり、仏像はやっぱり奈良だなとつくづく思う。これを飛鳥時代から奈良時代の仏像に限定すると、さらにはっきりする。43の国宝仏のうち、奈良37、京都4，東京1、大阪1で、奈良が突出している。奈良には古代が生きている。

昨秋、あるTV番組で、女優の賀来千香子さんと一緒に奈良を巡った。賀来さんは奈良をすっかり気に入ってくれて、ついには唐招提寺の金堂のなか、千手観音像と盧舎那仏像の前で涙を流すという思いがけない展開になった。奈良時代の仏像には、現代の私たちの心を揺さぶる魅力がある。

１３００年前に奈良で生み出されたものは最高の品々だった。正倉院宝物を見るだけでもそれがわかる。それらは１３００年の間、ずっと守られてきた。１３００年前だけではなく、１３００年間が大切だ。その間も、人々は新たなものを生み出し続けた。これが「１３００年のたからもの」。そして、ものの向こうには人がいる。これも「１３００年のたからもの」だ。

今回の表紙の絵は中田文花《もんか》さんにお願いした。きれい！　毎日新聞奈良支局の歴代の担当者の方々、ウェッジ編集部の新井梓さん、そして……。すべての皆様に深く感謝いたします。

令和六年四月二十二日

西山　厚

❖著者プロフィール❖

西山 厚（にしやま・あつし）

奈良国立博物館名誉館員、東アジア仏教文化研究所代表、帝塚山大学客員教授、半蔵門ミュージアム名誉館長。徳島県鳴門市生まれの伊勢育ち。京都大学大学院文学研究科博士課程修了。奈良国立博物館で学芸部長として「女性と仏教」など数々の特別展を企画。主な編著書に、本書のシリーズである『語りだす奈良118の物語』『語りだす奈良ふたたび』『仏像に会う53の仏像の写真と物語』（いずれもウェッジ）、『仏教発見！』（講談社現代新書）、『僧侶の書』（至文堂）、『別冊太陽 東大寺』（平凡社）など。奈良と仏教をメインテーマとして、人物に焦点をあてながら、さまざまなメディアで、生きた言葉で語り、書く活動を続けている。

語りだす奈良 1300年のたからもの

2024年5月20日 第1刷発行

著者 西山 厚
発行者 江尻 良
発行所 株式会社ウェッジ
〒101-0052東京都千代田区神田小川町一丁目3番地1
NBF小川町ビルディング 3階
TEL 03-5280-0528
FAX 03-5217-2661
https://www.wedge.co.jp/ 振替00160-2-410636

装画 中田文花
装幀 上野かおる
印刷・製本所 株式会社シナノ

※定価はカバーに表示してあります。 ISBN978-4-86310-282-8 C0026
※乱丁本・落丁本は小社にてお取り替えいたします。

※本書の無断転載を禁じます。
© Atsushi Nishiyama